생명 살리는 플랫폼

정은주 목사 에베소서 강해집

✦ 들어가는 글

에베소서는 에베소교회 성도들의 영적 성장을 위해 기록한 사도 바울의 서신서입니다. 에베소는 소아시아 지역의 항구 도시로 총독의 관저가 있던 정치, 경제, 종교의 중심지였습니다. 그런데 이곳은 세계 7대 불가사의 중 하나인 아데미 신전이 있을 정도로 우상숭배가 만연했습니다. 이런 현장에 바울이 들어가 복음의 변혁을 일으켰던 것입니다.

사도 바울은 이 에베소교회에 대한 영적 가슴이 매우 컸습니다. 사도행전 20장을 보면 그가 3차 선교여행을 마치고 예루살렘으로 가기 직전 고별 설교를 마치고 다음과 같이 고백했습니다.

"내가 달려갈 길과 주 예수께 받은 사명 곧 하나님의 은혜의 복음을 증언하는 일을 마치려 함에는 나의 생명조차 조금도 귀한 것으로 여기지 아니하노라!"

사도 바울은 설교 이후 에베소교회 장로들과 함께 기도하며 눈물의 작별을 할 정도로 그 현장을 가슴에 담고 있었습니다. 그는 로마 감옥에 갇혀 있을 때 간절한 마음을 담아 에베소서를 기록했습니다. 편지를 전해서라도 에베소교회 성도들의 영적 성장을 돕고 싶었던 것입니다.

바울이 가지고 누렸던 복음의 진수가 담긴 이 에베소서는 '바울 신학의 백과', '바울 신학의 면류관'이라고 표현되고 있습니다. 그는 에베소서를 시작하면서 우리에게 주어진 영적 축복에 대해 강조하였습니다. 영적 축복이란 하늘에 속한 신령한 복입니다. 그것은 세상적인 물질이나 성공 같은 것과는 비교조차 할 수 없는 영원한 축복입니다. 우리는 신앙생활을 하면서 하나님께서 우리에게 주신 영적 축복을 깨달아야 합니다. 그래야 일심, 전심, 지속으로 신앙생활을 해 나갈 수 있습니다. 독자 여러분이 이 에베소서 강해서를 읽으며 복음의 진수를 사실적으로 맛보고 영적 축복에 대해 올바로 알게 되기를 바랍니다. 그리고 이를 통해 언약적 도전의 신앙생활을 해 나가게 되시기를 예수 그리스도의 이름으로 축복합니다.

2023년 6월 예원교회 담임목사

Heavenly Blessing (1)

하나님의 뜻으로 말미암아 그리스도
예수의 사도 된 바울은 에베소에 있는 성도들과
그리스도 예수 안에 있는 신실한 자들에게 편지하노니
하나님 우리 아버지와 주 예수 그리스도로부터 은혜와
평강이 너희에게 있을지어다 찬송하리로다 하나님 곧
우리 주 예수 그리스도의 아버지께서 그리스도 안에서
하늘에 속한 모든 신령한 복을 우리에게 주시되
곧 창세 전에 그리스도 안에서 우리를 택하사 우리로
사랑 안에서 그 앞에 거룩하고 흠이 없게 하시려고
그 기쁘신 뜻대로 우리를 예정하사 예수 그리스도로
말미암아 자기의 아들들이 되게 하셨으니
이는 그가 사랑하시는 자 안에서 우리에게 거저
주시는 바 그의 은혜의 영광을 찬송하게 하려는 것이라
_에베소서 1:1~6

✦ 우리에게 주어진 영적 축복

사도 바울은 에베소서의 말씀을 시작하면서 우리에게 주어진 영적 축복에 대해 강조합니다. 사람들이 생각하는 일반적인 복은 창세기 6장의 물질 중심 혹은 창세기 11장의 세상적 성공 중심의 것입니다. 하지만 에베소서에서 말하는 복은 이런 세상적인 개념의 것과는 달랐습니다. 잠깐 있다가 사라지는 안개와도 같은 일시적인 복이 아니라 영원한 축복을 말하고 있습니다.

바울은 그것을 가리켜 '하늘에 속한 신령한 복(Heavenly Blessing)'이라고 했습니다. 신령한 복이란 영적 축복(Spiritual Blessing)을 말합니다. 성삼위 하나님께서 우리에게 주신 영적 축복이 바로 Heavenly Blessing입니다. 우리에게 영적으로 주어진 축복이 무엇인지를 제대로 알고 누려야만 우리는 기쁨과 감사함으로 신앙생활을 해 나갈 수 있습니다.

사도 바울은 이 Heavenly Blessing을 세 가지로 나누어 성부, 성자, 성령 하나님의 사역으로 말미암아 주어지는 축복으로 구분하여 이야기하였습니다. 우리는 세 편의 챕터를 통해 이 세 가지 영적 축복을 살펴보도록 할 것입니다. 그러면 이번 챕터에서는 먼저 성부 하나님께서 우리에게 주신 축복에 대해 알아보겠습니다.

✦ 택함 받은 축복

찬송하리로다 하나님 곧 우리 주 예수 그리스도의 아버지께서 그리스도 안에서 하늘에 속한 모든 신령한 복을 우리에게 주시되 곧 창세 전에 그리스도 안에서 우리를 택하사 우리로 사랑 안에서 그 앞에 거룩하고 흠이 없게 하시려고 _에베소서 1:3~4

사도 바울은 '찬송하리로다'라는 강렬한 문구로 에베소서의 본론 말씀을 펼쳐나갔습니다. 한 신학자는 이 문장을 산에서 웅장하게 쏟아져 내려오는 폭포수에 비유했습니다. 지금 비록 감옥에 갇혀 있기는 하지만, 그 상황 속에서도 Heavenly Blessing을 체험하고 있기 때문에 모든 환경을 초월하여 감사와 찬송의 삶을 살 수 있다는 선포입니다.

그러면서 14절에 이르기까지 숨도 쉬지 않고 Heavenly Blessing이 무엇인지에 대해 구체적으로 밝혔습니다. 우리말 성경에는 여러 문장으로 나뉘어 있지만 원어로 된 성경을 보면 마침표 하나 없이 긴 한 문장으로 성삼위 하나님을 향한 감격과 감사의 찬양을 쏟아내었습니다. 이는 복음의 능력을 체험한 사람만이 가질 수 있는 모습입니다. 이렇게 성삼위 하나님께서 주신 Heavenly Blessing을 사실적으로 누리는 사람은 기쁨과 감사의 삶을 살 수밖에 없습니다.

사도 바울은 하나님께서 그리스도 안에서 우리에게 주신 Heavenly Blessing 중에서 가장 우선되는 축복이 창세전에 우리를 택하셨다는 것임을 밝혔습니다. 하나님께 택함을 받았다는 것은 하나님께서 우리에게 주신 본질적 축복입니다. '택함 받다'는 '끄집어내다'라는 뜻을 가지고 있습니다. 창세기 3장에서 발생한 첫 사람 아담의 범죄 이후 모든 인류는 하나님을 떠나 죄와 저주 가운데 사탄 종노릇하는 삶을 살다가 영원한 멸망 길로 갈 수밖에 없는 운명에 빠져있었습니다. 여기에서 우리를 끄집어내셨다는 것을 말합니다. 그리고 하나님께서는 이를 창세전에 이미 계획해 놓으셨습니다.

창세전이라는 표현에는 놀라운 영적 의미가 담겨 있습니다. 하나님께서 세상을 창조하시기도 전에 우리를 선택해 놓으셨다는 것은 우리의 존재 가치에 큰 의미를 부여하고 계심을 의미합니다. 이는 우리가 존귀하고 가치 있는 존재라는 것을 말합니다. 이를 두고 스바냐 선지자는 다음과 같이 고백하였습니다.

> 너의 하나님 여호와가 너의 가운데에 계시니 그는 구원을 베푸실 전능자이시라 그가 너로 말미암아 기쁨을 이기지 못하시며 너를 잠잠히 사랑하시며 너로 말미암아 즐거이 부르며 기뻐하시리라 하리라 _스바냐 3:17

우리를 잠잠히 사랑하신다는 표현은 하나님의 사랑이 너무나 분명하고 뜨거워서 굳이 강력하게 표현할 필요가 없을 정도라는 것을 말합니다. 하나님께서는 우리를 보시고 너무 좋아서 기쁨으로 노래까지 부르신다고 말씀하고 있습니다. 여러분이 어떤 존재인지 느끼실 수 있습니까? 우리가 다른 누군가의 말로 상처를 받거나 좌절할 그런 수준의 존재입니까? 눈앞의 환경에 일희일비할 존재입니까? 여러분은 그 존재 자체로 하나님께 의미 있는 사람이라는 사실을 분명히 깨달으시기 바랍니다.

그리고 하나님께서 우리를 창세전에 택하셨다는 말은 하나님께서 우리의 행위나 모습을 보고서 택하신 것이 아님을 가리킵니다. 다음의 성경 말씀을 보면 이 내용이 나옵니다.

> 하나님이 우리를 구원하사 거룩하신 소명으로 부르심은
> 우리의 행위대로 하심이 아니요 오직 자기의 뜻과 영원
> 전부터 그리스도 예수 안에서 우리에게 주신 은혜대로
> 하심이라 _디모데후서 1:9

선택은 전적으로 하나님의 뜻과 은혜의 결과입니다. 그렇기 때문에 우리는 다른 누구를 판단하거나 정죄하거나 할 수 없는 존재입니다. 따라서 복음적 시각을 가지는 것이 너무나 중요합니다. 우리는 세상의 방식이 아니라 하나님의 방식대로 살아야 하기 때문입니다.

존 스타트 목사가 쓴 에베소서 강해집의 제목은 「하나님의 새로운 사회(God's New Society)」입니다. 책 제목에 담긴 의미를 파악해 보자면, 우리는 하나님께서 세우신 새로운 영

적 질서에 걸맞은 삶을 살아야 한다는 뜻입니다. 그러므로 우리는 변화된 신분을 가지고 현장 변화의 주도자로 서야 합니다. 이를 통해 여러분 모두가 창세전에 우리를 택하셔서 구원의 자리로 이끄신 하나님의 놀라운 사랑을 체험하게 되시기를 바랍니다.

✦ 하나님의 자녀 된 축복

그 기쁘신 뜻대로 우리를 예정하사 예수 그리스도로 말미암아 자기의 아들들이 되게 하셨으니 이는 그가 사랑하시는 자 안에서 우리에게 거저 주시는 바 그의 은혜의 영광을 찬송하게 하려는 것이라 _에베소서 1:5~6

사도 바울은 창세전에 하나님께서 우리를 택하셔서 무엇을 하시려 했는지를 구체적으로 밝히고 있습니다. 창세기 3장에서 발생한 첫 사람 아담의 범죄는 우리를 모두 죄인 된 신분으로 전락시켰습니다. 에베소서 1장 4절에 나오는 사도 바울의 표현대로 하자면 거룩하지 않고 흠이 있는 존재가 되어버렸습니다. 이는 하나님 앞에 설 수 없는 존재가 되어버린 것을 말합니다. 그런데 하나님께서 그리스도 안에서 우리를 거룩하고 흠이 없게 만드셨습니다. 예수 그리스도의 십자가 보혈로 완전히 깨끗하게 씻기신 것입니다. 이에 사도 바울은 고린도후서에서 이렇게 선포했습니다.

> 그런즉 누구든지 그리스도 안에 있으면 새로운 피조물이라
> 이전 것은 지나갔으니 보라 새 것이 되었도다
> _고린도후서 5:17

하나님께서 우리를 이렇게 새롭게 만드셨습니다. 이로 말미암아 우리는 앞의 성경 말씀에서 표현하고 있듯이 '하나님의 아들'이라는 새로운 신분을 얻게 되었습니다. 다시 말해 하나님께서 자녀로 삼아 주신 것이 바로 하나님의 가장 오래된 계획이었고, 그 계획이 예수 그리스도를 통해 완벽하게 성취된 것입니다. 이를 신학적으로는 하나님께서 우리를 양자로 삼아 주셨다고 표현합니다. 하나님께서 우리의 영적 호적을 바꾸어 주신 것입니다.

양자로 삼았다고 하니 언뜻 생각하기에는 뭔가 불완전한 것처럼 여겨지기도 합니다. 양자로 삼았다가 다시 파양하기도 하는 것이 지금 세상의 모습이기 때문입니다. 하지만 바울이

살던 로마 시대의 양자는 지금의 양자와는 개념이 달랐습니다. 당시의 양자는 법적으로 친자 이상의 신분과 특권을 누렸습니다. 당시 로마법에는 친자에게는 아버지가 재산을 물려주지 않아도 되지만 양자에게는 반드시 재산을 물려주도록 되어 있었다고 합니다. 양자가 자신의 아버지가 된 자의 모든 영광을 확실하게 가질 수 있었던 것입니다. 실제로 로마 황제 중에도 양자가 있었는데 바로 옥타비아누스가 카이사르의 양자였습니다. 이런 로마의 문화 속에서 사도 바울은 성도들에게 하나님께서 우리를 자녀 삼아 주신 것이 얼마나 큰 축복인지를 강조했습니다.

'한 번 해병은 영원한 해병'이라는 말이 있습니다. 이는 해병대로서의 자부심을 표현하는 말입니다. 우리에게는 영적 자부심을 나타내는 말이 있습니다. '한 번 하나님의 자녀는 영원한 하나님의 자녀'입니다. 우리는 하나님 자녀가 된 것을 자랑하는 삶을 살아야 합니다. 하나님 자녀라는 신분에 걸맞게 늘 복음의 선한 영향력을 입혀야 하는 것입니다. 이를 통해 여러분 모두가 Heavenly Blessing을 충만히 체험하게 되시기를 예수 그리스도의 이름으로 축복합니다.

Heavenly Blessing (2)

우리는 그리스도 안에서 그의 은혜의 풍성함을 따라
그의 피로 말미암아 속량 곧 죄 사함을 받았느니라
이는 그가 모든 지혜와 총명을 우리에게 넘치게 하사
그 뜻의 비밀을 우리에게 알리신 것이요 그의 기뻐하심
을 따라 그리스도 안에서 때가 찬 경륜을 위하여 예정하
신 것이니 하늘에 있는 것이나 땅에 있는 것이 다
그리스도 안에서 통일되게 하려 하심이라 모든 일을
그의 뜻의 결정대로 일하시는 이의 계획을 따라 우리가
예정을 입어 그 안에서 기업이 되었으니 이는 우리가
그리스도 안에서 전부터 바라던 그의 영광의 찬송이
되게 하려 하심이라 _에베소서 1:7~12

✦ 그리스도 안에서

 사도 바울은 차디찬 지하 감옥 안에서 에베소서를 기록했습니다. 그런데 에베소서를 잘 살펴보면 바울의 이런 상황과는 맞지 않는 단어와 표현이 많이 나옵니다. '은혜'는 열두 번, '영광'은 여덟 번, '충만'은 일곱 번, '풍성'은 다섯 번에 걸쳐 나오고 있습니다. 그는 감옥 안에서도 풍성하고 충만한 하나님의 은혜를 체험하고 있었던 것입니다. 바울이 감옥 안에서조차 전혀 흔들림 없이 하나님 은혜를 누릴 수 있었던 까닭이 무엇일까요? 바로 Heavenly Blessing을 사실적으로 체험하고 있었기 때문입니다.

> 찬송하리로다 하나님 곧 우리 주 예수 그리스도의 아버지께서 그리스도 안에서 하늘에 속한 모든 신령한 복을 우리에게 주시되 _에베소서 1:3

 흥분으로 가득한 사도 바울의 가슴이 느껴지는 성경 말씀입니다. 하늘에 속한 모든 신령한 복, 성삼위 하나님으로부터 주어지는 Heavenly Blessing을 체험하게 되면 이 땅의 환경과는 전혀 차원이 다른 삶을 살게 됩니다. 성삼위 하나님을 찬송할 수밖에 없게 되는 것입니다. 그런데 사탄은 어떻게 해서든지 여러분에게 주어진 Heavenly Blessing을 놓치게 만듭니다. 여러분에게 일어나고 있는 어려움, 문제, 사건에 속아서는 안 됩니다. 여러분이 지금 처한 환경과 모습이 절대 여러분의 실상이 아닙니다. 영적인 눈을 열고 여러분의 존재 가치가 어떠한지 사실적으로 깨달으시기 바랍니다.

우리는 지난 챕터에서 성부 하나님이 주신 Heavenly Blessing이 무엇인지 살펴보았습니다. 이를 두 가지로 요약하자면, 하나는 창세전에 우리를 택하신 축복이고, 또 다른하나는 하나님의 자녀로 삼으신 양자의 축복입니다. 하나님께서는 우리를 창세전에 선택하시고 하나님 자녀로 삼아 주셨습니다. 창세기 3장 사건으로 인해 본질상 진노의 자녀로전락했지만, 하나님의 크신 은혜로 말미암아 하나님 자녀의신분이 회복되는 재창조의 축복을 받은 것입니다.

그러면 이번 챕터에서는 성자 예수님이 주신 Heavenly Blessing에 대해 살펴보겠습니다. 우리가 하나님의 택함을 받아 하나님 자녀가 될 수 있었던 것은 사실 성자 예수님의 사역이 있었기 때문입니다. 그래서 사도 바울은 에베소서를 비롯한 서신서를 쓰면서 '그리스도 안에서'라는 표현을 반복하여 사용했습니다. 이 '그리스도 안에서'의 사상은 바울 신학의 핵심이라고 할 수 있습니다. 이는 성자 예수님의 구속 사역의 중심입니다. 오직 예수 그리스도를 통해서만 Heavenly Blessing을 사실적으로 체험할 수 있는 것입니다.

신앙생활은 다른 것이 아닙니다. 예수 그리스도 안에 우리가 들어가는 것입니다. 이는 예수 그리스도를 24시간 누리는 것이며, 예수 그리스도와 완전히 원니스가 되어 그 안에 있는 지혜와 지식의 모든 보화를 체험하는 것을 뜻합니다. 이를 위해서는 어떻게 해야 할까요? "예수가 그리스도 되신다"는 참 복음의 길이, 너비, 깊이, 높이가 어떠한지 강단 말씀을 통해 깨달아야 합니다. 그리고 그 강단 말씀을 자신의 삶에 사실적이고 구체적으로 적용하여 체험하여야 합니다.

◆ 죄 사함의 축복

우리는 그리스도 안에서 그의 은혜의 풍성함을 따라 그의
피로 말미암아 속량 곧 죄 사함을 받았느니라
_에베소서 1:7

성자 예수님께서 우리에게 주신 Heavenly Blessing은 속량 곧 죄 사함의 축복입니다. '속량'이라는 말은 헬라어로 '아포루트로시스'라고 하는데 '값을 치르고 다시 사다', '다시 사서 자유를 주다'라는 이중의 의미가 담겨 있습니다. 한마디로 속량은 노예 상태에서의 해방을 말합니다. 당시 로마 제국에는 수많은 노예들이 있었습니다. 특히 점령지에서 건강하고 똑똑한 이들을 잡아와서 노예로 삼았기 때문에 그중 일부는 주인의 인정을 받아서 양자가 되기도 하고, 주인이 값을 치르면 자유인으로 살아갈 수도 있었습니다. 바울은 당시의 이런 로마 문화를 배경으로 '속량'의 표현을 사용한 것입니다.

사도 바울은 이 속량의 개념을 영적으로 적용하였습니다. 이는 우리의 영적 상태가 죄의 노예가 되어 있다는 것에서부터 출발합니다. 로마서 6장 17절과 20절을 보면 우리가 본래 죄의 종이었다고 강조되어 있습니다. 에베소서 2장 1절 이하를 보면 모든 사람은 허물과 죄로 죽었던 존재요 세상 풍조를 따르고 공중의 권세 잡은 자를 따라 산 본질상 진노의 자녀였음을 밝히고 있습니다. 하나님을 떠난 인간의 정체성은 죄의 노예입니다.

많은 사람들이 이 사실을 받아들이지 못합니다. 그것은 죄에 대한 개념을 다르게 생각하기 때문입니다. 많은 이들이 죄라는 것은 우리가 세상을 살아가면서 범하는 윤리, 도덕적 악행이라고 여깁니다. 물론 그것도 죄입니다만 성경이 말하는 죄의 본질은 그것과는 다릅니다. 성경에서 말하는 죄는 하나님과 단절된 상태, 즉 하나님을 떠난 상태를 일컫습니다. 하나님께 불순종하고 하나님의 말씀을 거역하여 자기중심적으로 사는 창세기 3장 상태가 바로 죄입니다.

그런데 이 본질적인 죄가 인간에게 치명적인 문제가 되는 까닭이 있습니다. 로마서 6장 23절을 보면 "죄의 삯은 사망"이라고 되어 있습니다. 그리고 다음 성경 말씀을 보면 이런 죽음 이후에 대해 구체적으로 밝히고 있습니다.

> 한번 죽는 것은 사람에게 정해진 것이요 그 후에는 심판이 있으리니 _히브리서 9:27

이 심판이 바로 치명적인 문제입니다. 사람이 죽으면 그것으로 끝일까요? 죽음은 끝이 아닙니다. 죽음 후에는 반드시 심판이 따릅니다. 이 심판을 통해 영생의 축복과 영벌의 저

주로 갈리게 됩니다.

놀라운 것은 이 심판으로부터 완전히 자유함을 얻는 길이 있다는 사실입니다. 그 길이 바로 예수 그리스도를 통해 주어진 속량, 곧 죄 사함의 축복입니다. 예수 그리스도께서 십자가에서 흘리신 그 피로 말미암아 우리가 죄 사함을 받게 되는 길이 열린 것입니다.

> 오직 그리스도는 죄를 위하여 한 영원한 제사를 드리시고
> 하나님 우편에 앉으사 그 후에 자기 원수들을 자기
> 발등상이 되게 하실 때까지 기다리시나니 그가 거룩하게
> 된 자들을 한 번의 제사로 영원히 온전하게 하셨느니라
> _히브리서 10:12~14

이 성경 말씀은 예수 그리스도의 십자가 대속과 부활, 승천, 재림과 심판까지를 다 언급하면서 죄 사함의 축복을 설명하고 있습니다.

> 또 그들의 죄와 그들의 불법을 내가 다시 기억하지
> 아니하리라 하셨으니 이것들을 사하셨은즉 다시 죄를
> 위하여 제사 드릴 것이 없느니라 _히브리서 10:17~18

그리고 이 말씀은 예수 그리스도께서 십자가 상에서 온전하고 영원한 속죄를 단번에 이루셨기 때문에 구약처럼 더 이상 양을 잡아 희생 제물로 드리는 제사가 필요 없음을 설명하고 있습니다. 예수 그리스도의 십자가 대속과 보혈의 피로 우리의 모든 죄가 완전히 해결되었다는 것을 절대 놓치지 마시기 바랍니다.

> 그러므로 이제 그리스도 예수 안에 있는 자에게는 결코
> 정죄함이 없나니 이는 그리스도 예수 안에 있는 생명의
> 성령의 법이 죄와 사망의 법에서 너를 해방하였음이라
> _로마서 8:1~2

원죄를 비롯한 과거, 현재, 미래의 모든 죄로부터 우리는 완전한 자유함을 얻었습니다. 이렇게 죄 사함의 축복을 얻게 되면 심판받을 이유가 없습니다. 이것이 바로 우리가 예수 그리스도를 통해 누려야 할 복음입니다.

◆ 기업 삼으신 축복

이는 그가 모든 지혜와 총명을 우리에게 넘치게 하사

> 그 뜻의 비밀을 우리에게 알리신 것이요 그의 기뻐하심을
> 따라 그리스도 안에서 때가 찬 경륜을 위하여 예정하신
> 것이니 하늘에 있는 것이나 땅에 있는 것이 다 그리스도
> 안에서 통일되게 하려 하심이라 _에베소서 1:8~10

사도 바울은 예수 그리스도의 십자가 대속을 통해 주어진 속량, 곧 죄 사함의 축복을 우리에게 주신 본질적인 이유가 무엇인지를 밝히고 있습니다. 그것은 모든 것이 다 그리스도 안에서 통일되게 하기 위함이라는 것입니다. 모든 것이 다 그리스도 안에서 통일되게 한다는 것은 원어의 뜻으로 보자면, 예수 그리스도를 다시 머리 되게 한다는 것을 말합니다.

원래 창세기 3장 사건 이전에는 모든 만물이 예수 그리스도 안에 통일되어 있었습니다. 하지만 창세기 3장 사건으로 말미암아 이 질서가 깨지고 혼돈 상태가 되어 버린 것입니다. 이것을 다시 원래 상태로 회복시키는 것, 그리스도 안에서 재통일 되게 하는 것이 하나님의 궁극적인 목적입니다. 이를 다른 말로 표현하면, '237나라 5천 종족 복음화'입니다. 우리가 플랫폼, 파수망대, 안테나의 역할을 감당하며 만민을 위해 기를 드는 삶을 살아야 할 당연성, 필연성, 절대성이 여

기에 담겨 있습니다.

> 모든 일을 그의 뜻의 결정대로 일하시는 이의 계획을 따라
> 우리가 예정을 입어 그 안에서 기업이 되었으니 이는 우리
> 가 그리스도 안에서 전부터 바라던 그의 영광의 찬송이
> 되게 하려 하심이라 _에베소서 1:11~12

사도 바울은 하나님께서 우리를 그리스도 안에서 기업이 되게 하셨다고 말씀하고 있습니다. 성자 예수님을 통해 우리에게 주어진 또 하나의 Heavenly Blessing이 바로 기업 삼으신 축복입니다. 기업이라고 하면 언뜻 대기업, 중소기업을 말할 때의 사업체를 떠올리는 분도 있겠습니다만 여기서의 기업은 그런 의미가 아닙니다.

성경에서 말하는 기업은 재산, 소유, 상속의 의미를 가지고 있습니다. 시편 127편 3절을 보면 '자녀는 하나님께서 부모에게 주신 기업'이라고 말씀하고 있습니다. 다시 말해 부모의 가장 소중한 재산이 바로 자녀라는 것입니다. 그렇다면 예수 그리스도를 통해 하나님께서 우리를 기업으로 삼아 주셨다는 것은 바로 우리가 하나님의 가장 소중한 재산이라는

것을 말합니다. 우리는 이정도로 가치 있는 존재입니다.

'인생은 착각의 연속'이라는 글이 있습니다.

"꼬마들은 울고 떼를 쓰면 다 되는 줄 알고, 실연당한 사람은 자신의 경험이 세상에서 제일 아픈 경험인 줄 안다. 연애하는 연인들은 결혼만 하면 세상을 다 얻고 깨가 쏟아질 줄 알고, 아가씨들은 자기는 절대 아줌마가 안 될 줄 안다. 고등학생들은 졸다가 문득 선생님을 봤을 때 앞 사람 때문에 선생님이 안 보이면 선생님도 자기가 안 보이는 줄 알고, 대학생들은 자기가 철든 줄 안다. 육군 병장은 자기가 세상에서 제일 높은 줄 알고, 엄마들은 내 아이가 천재인데 친구를 잘못 사귀어 성적이 안 좋다고 생각한다. 남자들은 여자가 웃어주면 자기를 좋아한다고 생각하고, 여자들은 남자가 같은 방향으로 걸어오면 관심 있어 따라오는 줄 안다. 부모들은 자식이 나이 들면 누구나 효도할 줄 알고, 이 글을 읽는 사람들은 자기는 여기에 안 속한 줄 안다."

이렇게 착각 속에 살아가는 것이 우리의 인생입니다. 그런데 저는 한 가지 착각만은 일평생 해도 된다고 생각합니다. 바로 "하나님 앞에서는 내가 가장 가치 있는 존재다."라는 생각입니다. "하나님께서 나를 기업으로 삼으셨기 때문에 나는 가장 행복한 존재다."라고 여기시기 바랍니다. 제가 굳이 '착각'이라는 표현으로 이 말씀을 드리는 이유는 여러분이 스스로 이렇게 생각하지 않기 때문입니다. 그러니 착각이라 여겨서라도 이 영적 본질을 붙잡으라는 것입니다. 다른 사람이 여러분을 어떻게 생각하는지는 전혀 고려할 필요가 없습니다. 하나님께서 여러분을 어떻게 생각하고 계시는지만 바라보시기 바랍니다.

특히나 우리를 기업 삼으셨다는 이 말 속에는 하나님께서 우리를 하나님의 상속자로 삼아 주셨다는 의미도 담겨 있습니다. 로마서 8장 17절을 보면, 우리를 일컬어 하나님의 상속자요 그리스도와 함께한 상속자라고 분명히 밝히고 있습니다. 그리고 이 축복과 권세가 얼마나 놀라운 것인지는 다음의 성경 말씀에 나옵니다.

모든 천사들은 섬기는 영으로서 구원 받을 상속자들을 위하여 섬기라고 보내심이 아니냐 _히브리서 1:14

하나님께서 천사들로 하여금 우리를 섬기도록 보내셨습니

다. 이는 우리가 하나님의 상속자이기 때문입니다. 천사와 비교할 수 없을 만큼 놀라운 신분과 권세가 우리에게 주어져 있음을 믿고 깨달으시기 바랍니다.

◆ 하나님을 가장 영화롭게 하는 존재

이번 챕터를 통해 우리는 성자 예수님이 우리에게 주신 Heavenly Blessing이 죄 사함의 축복과 우리를 하나님의 기업으로 삼으신 축복임을 붙잡았습니다. 그런데 사도 바울이 이 두 가지 축복에 대해 언급하면서 공통적으로 강조하는 영적 사실이 있습니다.

우선 죄 사함의 축복은 하늘에 있는 것이나 땅에 있는 것이 다 그리스도 안에서 통일되게 하려는 목적이 있습니다. 그리고 우리를 기업으로 삼으신 까닭은 우리가 그리스도의 영광의 찬송이 되게 하기 위함입니다. 하나님께서는 우리를 통해 그리스도의 영광이 드러나길 원하신다는 것입니다. 그렇다면 이것의 핵심이 무엇일까요? 바로 전도와 선교를 통해 이루어진다는 점입니다. 그렇기 때문에 우리 인생의 천명, 소명, 사명이 바로 237나라 5천 종족 복음화가 되는 것입니다.

 어느 신학자는 "예수 그리스도는 하나님이 우리에게 주시는 가장 위대한 선물이다. 그리고 우리는 예수 그리스도가 하나님 앞에 바치는 가장 향기로운 선물이다."라고 말했습니다. 모든 독자 여러분이 예수 그리스도가 하나님 앞에 드리는 가장 향기로운 선물이 되기를 바랍니다. 이를 통해 여러분 모두가 하나님을 가장 영화롭게 하는 존재, 237나라 5천 종족 복음화의 주역으로 당당히 서게 되시기를 예수 그리스도의 이름으로 축복합니다.

✦ Heavenly Blessing (3)

그 안에서 너희도 진리의 말씀 곧 너희의 구원의 복음을
듣고 그 안에서 또한 믿어 약속의 성령으로 인치심을
받았으니 이는 우리 기업의 보증이 되사 그 얻으신 것을
속량하시고 그의 영광을 찬송하게 하려 하심이라

_에베소서 1:13~14

✦ 성령의 역사

에베소서의 말씀을 시작하면서 사도 바울은 성삼위 하나님을 통해 주어지는 Heavenly Blessing(하늘에 속한 신령한 복)을 먼저 선포하고 있습니다. 이 축복을 체험한 자는 눈앞의 환경, 각종 문제와 사건, 지금의 내 모습과 상관없이 모든 것을 초월하여 하나님의 것으로 충만해져서 차원이 다른 삶을 살 수 있습니다. 그래서 서신의 첫 부분에서 어떤 상황 속에서도 성삼위 하나님이 주시는 Heavenly Blessing을 절대적으로 누려야 한다는 사실을 강조하고 있는 것입니다.

우리는 앞의 두 챕터에서 성부 하나님과 성자 예수님께서 주신 Heavenly Blessing에 대해 살펴보았습니다. 성부 하나님께서 주신 축복은 창세전에 이미 예정하시고 택하셨다는 축복과 하나님의 자녀로 삼아주신 축복입니다. 그리고 성자 예수님께서는 성육신 하시고 십자가 대속과 부활을 통해 우리에게 속량, 곧 죄 사함의 축복을 선사해 주셨습니다. 이를 통해 우리는 그리스도 안에서 기업이 되는 축복을 받게 되었습니다. 우리가 하나님의 가장 소중한 재산이라는 절대 가치, 하나님의 상속자라는 놀라운 신분과 권세가 우리에게 주어진 것입니다.

이번 챕터에서는 Heavenly Blessing의 마지막 축복인 성령 하나님을 통해 주어진 축복이 무엇인지에 대해 살펴보겠습니다. 그런데 신앙생활을 하는 많은 사람들이 성령 하나님에 대해 오해하는 부분이 있습니다. 성령 하나님께서 하시는 일을 그저 우리의 감정을 고양시키는 것으로만 생각합니다. 예배나 부흥 집회에서 우리의 마음을 뜨겁게 하고 눈물을 흘리게 하시는 분으로만 성령을 바라보는 것입니다.

물론 은혜를 받으면 마음이 뜨거워지고 눈물을 흘리며 감격할 수 있습니다. 이것이 성령의 어루만짐을 받은 모습이기도 합니다. 하지만 감정이 자극된 상태만 보고서 그것을 성령 충만으로 오해해서는 안 됩니다. 성경을 보면 성령의 역사는 그저 감정 충만의 역사가 절대 아닙니다. 성령이 하시는 대표적인 사역 중 한 가지는 우리가 예수를 주라고 시인하게 하는 것입니다.

성령으로 아니하고는 누구든지 예수를 주시라 할 수

 성령께서 우리 마음을 움직이셔야 예수님을 주로 시인하고 하나님의 자녀가 될 수 있습니다. 성부 하나님께서 우리의 구원을 계획하셨다면, 성자 예수님께서는 그 구원의 계획을 실행하셨고, 성령 하나님께서는 우리에게 그 구원을 적용하는 역할을 하십니다. 계획, 실행, 적용이라는 성삼위 하나님의 역사를 통해 우리가 구원의 축복 속으로 들어오게 된 것입니다.

 여러분 한 사람 한 사람을 향한 하나님의 구원 계획은 창세전에 시작되었습니다. 예수님의 십자가 대속과 부활의 은혜는 지금으로부터 2천 년 전에 이미 이루어졌습니다. 그리고 그 놀라운 하나님의 사랑과 십자가의 은혜를 성령 하나님께서 오늘 여러분에게 적용시켜 주신 것입니다. 나의 구원을 위해 창세전부터 시작해서 지금 이 순간까지 성삼위 하나님께서 역사해 주셨다는 것이 얼마나 놀랍고 큰 축복인지 정말로 실감이 나야 합니다. 이번 챕터를 통해 성령 하나님께서 어떤 사역을 하셨으며, 그 사역을 통해 우리에게 무슨 축복이 주어졌는지 구체적으로 깨닫게 되시기를 바랍니다.

✦ 인치심의 축복

> 그 안에서 너희도 진리의 말씀 곧 너희의 구원의 복음을
> 듣고 그 안에서 또한 믿어 약속의 성령으로 인치심을
> 받았으니 _에베소서 1:13

앞의 성경 말씀 속에는 우리가 구원을 얻는 과정에 대한 내용이 기록되어 있습니다. 여러분이 보시듯 아주 간단합니다. 예수 그리스도 안에서 진리의 말씀 곧 구원의 복음을 듣고 믿음으로 얻게 되는 것입니다. 어떤 신비 체험이나 율법적 열심, 인간적 노력, 행위로 이루어지는 것이 결코 아닙니다. 예수 그리스도의 십자가 대속과 부활을 통해 주어진 구원의 복음을 듣고 믿기만 하면 됩니다. 그런데 중요한 것은 이렇게 구원의 복음을 듣고 믿는 데 있어서 근원적으로 역사하시는 분이 있습니다. 그분이 바로 성령 하나님이심을 바울은 강조하고 있습니다. 우리가 복음을 듣고 믿게 되는 것이 모두 다 성령 하나님의 역사가 있기 때문이라는 것입니다.

요한복음 16장을 보면 예수님께서 제자들에게 성령께서 하시는 일에 대해 아주 구체적으로 말씀해 주십니다. 그 가운

데 13절을 보면 성령을 통해 우리가 복음의 진리를 믿게 된다는 사실이 나옵니다.

> 진리의 성령이 오시면 그가 너희를 모든 진리 가운데로
> 인도하시리니 _요한복음 16:13

성령께서 우리를 진리이신 예수 그리스도께로 인도하신다는 것입니다. 실제로 성령께서 복음의 진리를 믿게 하는 장면이 사도행전 16장 14~15절에 기록되어 있습니다. 여기를 보면, 두아디라 성의 자주 장사 루디아가 사도 바울로부터 복음을 듣고 믿어 유럽에서는 처음으로 그리스도인이 되는 과정이 나옵니다. 그때의 상황을 "주께서 그 마음을 열어 바울의 말을 청종하게 하신지라"라고 묘사하고 있습니다. 성령께서 루디아의 마음에 찾아오셔서 그 마음을 여신 것을 볼 수 있습니다.

다음의 성경 말씀을 보면 사도 바울은 성령께서 하시는 일에 대해 이렇게 이야기합니다.

> 너희가 아들이므로 하나님이 그 아들의 영을 우리 마음
> 가운데 보내사 아빠 아버지라 부르게 하셨느니라 그러므로
> 네가 이 후로는 종이 아니요 아들이니 아들이면 하나님으로
> 말미암아 유업을 받을 자니라 _갈라디아서 4:6~7

 이는 성령을 통해 하나님을 아빠 아버지로 부를 수 있게 된다는 것을 나타내는 말씀입니다.

 특히 에베소서 1장 13~14절을 보면 성령 하나님께서 우리에게 주신 Heavenly Blessing을 구체적으로 표현해놓은 것이 인치심의 축복임을 알 수 있습니다. 인을 친다는 것은 쉽게 말해 도장을 찍는다는 것입니다. 로마 사회에서 인은 진품임을 증명하고 소유권을 나타내기 위해 사용했습니다. 각종 문서나 계약에 찍는 도장은 그 계약이 완성되었다는 것 즉 계약의 불변성과 유효성을 나타냅니다. 또 무언가의 소유권을 표시할 때도 인을 쳤습니다. 과거에는 가축에 불로 달군 도장을 찍어서 자신의 소유임을 표시했습니다. 심지어 노예들에게까지 누구의 소유인지 밝히기 위해 인을 찍기도 했습니다.

사도 바울은 이런 로마의 배경을 가지고 성령의 사역에 대해 말하고 있는 것입니다. 성령 하나님께서 우리를 하나님의 자녀로 인을 치셔서 완전히 하나님의 소유가 되었다는 사실을 분명히 깨달아야 합니다.

> 너희는 택하신 족속이요 왕 같은 제사장들이요 거룩한
> 나라요 그의 소유가 된 백성이니 _베드로전서 2:9

> 성령이 친히 우리의 영과 더불어 우리가 하나님의 자녀인
> 것을 증언하시나니 _로마서 8:16

이렇게 성령 하나님께서 우리를 친히 택하셔서 인을 치심으로 우리는 완전히 하나님 자녀가 되었습니다. 그리고 다음 성경 말씀을 보면 이런 성령의 인치심은 주님이 다시 오실 그날까지 유효한 것임을 알 수 있습니다.

> 하나님의 성령을 근심하게 하지 말라 그 안에서 너희가
> 구원의 날까지 인치심을 받았느니라 _에베소서 4:30

우리는 예수님을 다시 만나는 그날까지 완벽하게 보장된 신분입니다. 신앙생활은 이렇게 완전히 인치심의 축복을 먼저

바탕에 깔고 시작하는 것입니다. 이 축복을 놓치기 때문에 자꾸 문제와 사건 속에 속고 힘들어하게 되는 것입니다.

내가 너를 구속하였고 내가 너를 지명하여 불렀나니
너는 내 것이라 _이사야 43:1

우리는 하나님의 것입니다. 누가 하나님의 것을 건드릴 수 있을까요? 누구도 그럴 수 없습니다. 그러니 우리는 성령의 인치심을 받은 Heavenly Blessing을 온전히 믿고 사실적으로 누리면 됩니다.

미국의 대표적인 복음주의 신학자인 칼 헨리는 "풍성한 삶의 비결은 하나님의 능력에 대한 당신의 반응이다."라는 말을 했습니다. 불신앙하는 순간 모든 것을 다 놓치게 됩니다. 독자 여러분, 하나님의 능력에 대한 절대 믿음을 통해 어떤 상황 속에서도 풍성한 Heavenly Blessing을 체험하시기 바랍니다.

◆ 보증의 축복

> 이는 우리 기업의 보증이 되사 그 얻으신 것을 속량하시고
> 그의 영광을 찬송하게 하려 하심이라 _에베소서 1:14

성령 하나님께서 우리에게 주시는 또 하나의 Heavenly Blessing은 보증의 축복입니다. '보증'은 헬라어로 '아라본'이라고 하는데 당시 사용하던 상업 용어로 어떤 계약을 할 때의 계약금, 보증금을 가리킵니다. 우리가 집을 거래할 때 미리 보증금을 주어 매매를 확실하게 해 두는 것처럼 하나님께서 우리에게 성령을 주셔서 앞으로 우리가 받을 천국 기업, 영생의 축복이 분명하다는 사실을 보증해주신 것입니다. 그 증거가 바로 구원받은 하나님 자녀의 신분적 축복인 성령의 내주, 인도, 역사입니다.

사도 바울은 이 놀라운 축복을 우리가 얼마나 확실하게 가지고 있어야 하는지를 반복적으로 강조했습니다.

> 그가 또한 우리에게 인치시고 보증으로 우리 마음에 성령을
> 주셨느니라 _고린도후서 1:22

너희는 너희가 하나님의 성전인 것과 하나님의 성령이
너희 안에 계시는 것을 알지 못하느냐 _고린도전서 3:16

바울은 이렇게 강조하고 반문하면서 이 언약적 진리가 얼마
나 중요한 것인지를 확실히 밝혔습니다. 성령께서 우리 안에
계신다는 그 자체가 바로 우리에게 영원한 생명이 주어졌다
는 것과 우리가 천국 백성임을 보증해 주는 것입니다.

우리가 이런 성령 하나님의 내주와 인도, 역사하심을 사실
적으로 누리지 못하면 어떻게 될까요? 신앙생활을 해도 은
혜가 내면 깊이 스며들지 못하기 때문에 건조할 수밖에 없고
퍽퍽해지고 맙니다. 마치 찬송가 183장의 고백처럼 '빈 들에
마른 풀같이 시들은' 영적 상태에 빠져 있게 됩니다. 이렇게
되면 무엇보다 자기 자신의 수준과 한계를 초월하는 영적 체
험을 하지 못하게 되는 것입니다. 그러니 우리는 성령의 단
비를 충만히 체험해야 합니다. 성령으로 충만한 삶의 특징은
날로 더욱 새롭다는 것입니다. 그러면 독수리 날개 치며 올
라감 같은 생동감 넘치는 신앙생활을 하게 되어 있습니다.

목회자들의 목회자로 불렸던 유진 피터슨 목사는 「그 길을 걸어라」라는 제자도에 관한 책에서 이런 말을 했습니다. "천국을 향해 가는 사람들에게는 지금 가고 있는 그 길이 천국이다." 천국을 향해 가고 있는 사람에게는 지금 어떤 일이 일어나느냐가 중요한 것이 아니라, 지금 그 길을 가고 있다는 확신이 있는지가 중요하다는 것입니다. 확신이 있다면 어떤 문제와 사건도 문제가 되지 않기 때문입니다. 독자 여러분, 성령 하나님께서 우리의 천국행을 확실하게 보증하고 있다는 사실을 분명하게 믿으시길 바랍니다.

◆ 최고의 찬송

우리가 세 챕터에 걸쳐서 성삼위 하나님께서 우리에게 주신 Heavenly Blessing이 무엇인지 구체적으로 살펴보았습니다. 그런데 하나님께서 왜 Heavenly Blessing을 우리에게 주셨을까요? 그 이유는 바로 하나님의 영광을 찬송하게 하기 위함입니다.

사도 바울은 Heavenly Blessing에 대해 기록하면서 그 첫 부분을 하나님을 찬송하는 것으로 시작했습니다. 그리고 성부 하나님께서 주신 축복을 마무리하는 6절, 성자 예수님께서 주신 축복이 마무리되는 12절, 성령 하나님께서 주신 축복을 마무리하는 14절에 공통적으로 반복해서 강조하는 것이 있습니다. 그것이 바로 하나님의 영광을 찬송하게 하려고 Heavenly Blessing을 우리에게 주셨다는 것입니다. 이는 쉽게 말해서 우리의 삶 전체가 찬송이 되어야 한다는 것을 뜻합니다. 그렇다면 최고의 찬송이 과연 무엇일까요? 그것은 우리가 받은 이 놀라운 구원의 축복을 현장에서 증거하는 것입니다. 성삼위 하나님께서 주신 Heavenly Blessing을 한마디로 요약하면 구원의 축복이기 때문입니다.

마케팅 전문가 신병철 박사가 쓴 책 「리츄얼」을 보면, "일단 움직여라. 마음은 따라온다."라는 말이 있습니다. 이는 생각보다 중요한 것이 행동의 힘이라는 것을 강조하는 말입니다. 일단 해 보면 더 하고 싶어지게 됩니다. 복음을 증거하는 것도 마찬가지입니다. 머릿속으로 이 생각 저 생각하지 말고 일단 전해 보면 답이 나옵니다. 우리가 복음을 증거하는 일에 있어서는 주저주저하는 햄릿형 삶을 살아서는 절대 안 됩니다. 237나라 5천 종족 복음화를 위해서는 돈키호테처럼 무조건 직진해야 합니다. 이를 통해 모든 독자 여러분이 성삼위 하나님께서 주신 Heavenly Blessing, 구원의 놀라운 축복을 24시간 누리게 되시기를 예수 그리스도의 이름으로 축복합니다.

✦ 기도하는 기쁨!

이로 말미암아 주 예수 안에서 너희 믿음과 모든 성도를
향한 사랑을 나도 듣고 내가 기도할 때에 기억하며 너희
로 말미암아 감사하기를 그치지 아니하고 우리 주 예수
그리스도의 하나님, 영광의 아버지께서 지혜와 계시의
영을 너희에게 주사 하나님을 알게 하시고 너희 마음의
눈을 밝히사 그의 부르심의 소망이 무엇이며 성도 안에
서 그 기업의 영광의 풍성함이 무엇이며 그의 힘의 위력
으로 역사하심을 따라 믿는 우리에게 베푸신 능력의
지극히 크심이 어떠한 것을 너희로 알게 하시기를 구하
노라 그의 능력이 그리스도 안에서 역사하사 죽은 자들
가운데서 다시 살리시고 하늘에서 자기의 오른편에
앉히사 모든 통치와 권세와 능력과 주권과 이 세상뿐
아니라 오는 세상에 일컫는 모든 이름 위에 뛰어나게
하시고 또 만물을 그의 발 아래에 복종하게 하시고 그를
만물 위에 교회의 머리로 삼으셨느니라 교회는 그의
몸이니 만물 안에서 만물을 충만하게 하시는 이의 충만
함이니라 _에베소서 1:15~23

✦ 기도의 삶

우리는 앞의 세 챕터에서 성삼위 하나님을 통해 우리에게 주어진 Heavenly Blessing에 대해 살펴보았습니다. 그 핵심을 한마디로 요약하면 구원의 축복입니다. 성부 하나님의 계획, 성자 예수님의 실행, 성령 하나님의 적용을 통해 우리에게 구원의 축복이 임한 것입니다. 사도 바울이 에베소서를 시작하면서 구원의 축복부터 언급한 이유가 무엇일까요? 구원의 축복이 신앙생활의 플랫폼이기 때문입니다. 구원에 대한 믿음이 흔들리면 모든 영적 기반이 다 흔들리게 됩니다. 그래서 사탄은 어떻게 해서든 우리가 구원의 축복 속에 있지 못하도록 온갖 의심과 불신앙을 심고 모든 것에 인간적인 생각과 기준으로 접근하게 만듭니다. 우리는 여기에 속지 말아야 합니다.

영국의 청교도 설교가 조셉 카릴은 구원의 놀라운 축복에 대해 이렇게 말했습니다. "하나님의 영광 다음으로 우리가 바랄 수 있는 가장 위대한 것은 우리 자신의 구원이다. 그리고 우리가 바랄 수 있는 가장 좋은 것은 구원의 확신이다. 모든 성도는 이 세상을 떠날 때 천국을 맛볼 것이다. 하지만 어떤 성도들은 이 땅에서도 천국을 맛본다." 천국에서는 말할 것도 없고 이 땅에서도 천국을 누려야 한다는 것입니다. 모든 것이 보장된 축복을 누리지 못하는 것만큼 억울한 것도 없습니다. 여러분, 성부 하나님의 택하심과 자녀 삼으심, 성자 예수님의 죄 사함과 기업 삼으심, 성령 하나님의 인치심과 보증을 통해서 내게 주어진 구원의 축복을 24시간 누리며 생동감 넘치는 신앙생활을 하시기 바랍니다.

사도 바울은 성삼위 하나님께서 우리에게 주신 Heavenly Blessing에 대해 설명한 후 에베소교회와 그 성도들을 위해 자신이 중보기도하고 있다는 사실과 그 내용에 대해 구체적으로 밝히고 있습니다. 사도 바울의 사역을 보면 기도가 이끄는 사역이었습니다. 그는 일평생 기도하는 기쁨을 체험하며 기도의 힘으로 자신의 한계를 뛰어넘었습니다. 그는 성삼위 하나님께서 자신의 삶을 인도하시는 것이 얼마나 기쁘고 감사했던지 에베소교회 성도들도 그 놀라운 축복을 사실적으로 체험해보기를 바랐습니다.

바울이 Heavenly Blessing에 대해 먼저 언급한 후에 기도에 대해 강조하는 것은 말씀과 기도는 마치 동전의 양면과 같기 때문입니다. 기도를 통해 하나님의 말씀이 자신의 삶 속에 각인, 뿌리, 체질화되는 만큼 그것을 누리는 자리로 나아가게 되고, 결국 영적 성장으로 직결됩니다. 그래서 언약기도가 중요합니다. 강단에서 선포된 언약의 말씀을 붙잡은 기도를 통해 응답을 누릴 수 있게 되는 것입니다.

기도의 삶을 강조하는 데에는 이유가 있습니다. 우리의 싸움은 혈과 육의 싸움이 아닙니다. 우리 눈에 보이지 않는 어둠의 영들과의 싸움이기 때문에 기도 외에는 승리할 수 있는 길이 없습니다. 그래서 종교개혁의 기치를 들었던 마틴 루터도 늘 기도하는 삶을 살았고, 할 일이 많은 날은 보통 때보다 더 기도했다고 합니다. 마틴 루터는 "기도는 내 삶에서 가장 중요한 것이다. 단 하루라도 기도를 소홀히 한다면 나는 믿음의 많은 부분을 잃어버릴 것이다."라고 고백했습니다. 기도하지 않으면, 하나님께서 내게 주신 모든 축복을 놓쳐버리고 만다는 것입니다. 이것이 바로 성령 인도이고 성령 충만입니다. 여러분도 기도하는 기쁨을 반드시 체험하여 보시기 바랍니다.

◆ 보좌의 축복 체험

> 이로 말미암아 주 예수 안에서 너희 믿음과 모든 성도를
> 향한 사랑을 나도 듣고 내가 기도할 때에 기억하며 너희로
> 말미암아 감사하기를 그치지 아니하고 _에베소서 1:15~16

사도 바울이 에베소교회 성도들을 향해 드린 중보기도는 감사로 시작합니다. 그의 기도를 보면, 에베소교회 성도들이 보여준 믿음과 사랑의 모습을 볼 때 감사하는 것을 그칠 수 없다는 고백을 먼저 하고 있습니다. 에베소 지역은 당시 소아시아의 중심지였으며, 제2의 로마로 떠오르고 있어서 사도 바울이 복음 확산을 위한 플랫폼으로 생각하고 있던 곳이었습니다. 그래서 자신이 에베소를 떠난 후에도 가장 신뢰하는 믿음의 아들 디모데를 파송하여 사역하게 했을 정도로 사역적으로 집중한 현장이었습니다.

그랬기 때문에 사도 바울의 기도 속에는 항상 에베소 현장이 있었습니다. 이곳에 있는 성도들이 성삼위 하나님의 역사를 통해 주어진 Heavenly Blessing을 실제로 맛보고 누리며 복음의 선한 영향력을 입히는 삶으로 나아갈 수 있도록 정시

로, 무시로, 집중적으로 기도했던 것입니다. 그런데 자신이 기도했던 대로 에베소교회 성도들이 잘 자라고 있다는 소식이 들려오니 기쁘지 않을 수 없었습니다.

우리 주 예수 그리스도의 하나님, 영광의 아버지께서
지혜와 계시의 영을 너희에게 주사 하나님을 알게 하시고
너희 마음의 눈을 밝히사 그의 부르심의 소망이 무엇이며
성도 안에서 그 기업의 영광의 풍성함이 무엇이며 그의
힘의 위력으로 역사하심을 따라 믿는 우리에게 베푸신
능력의 지극히 크심이 어떠한 것을 너희로 알게 하시기를
구하노라 _에베소서 1:17~19

사도 바울은 감사로 기도를 시작한 후에 에베소교회 성도들을 위해 기도한 내용을 구체적으로 밝히고 있습니다. 그 핵심은 그들이 보좌의 축복을 체험하도록 기도한다는 것이었습니다. 그는 우선 하나님께서 에베소교회 성도들에게 지혜와 계시의 영을 주셔서 하나님을 알게 해달라고 기도한다고 강조했습니다. 여기서 '안다'는 말은 단순히 지식적, 피상적으로 아는 것이 아니라 하나님을 더 깊이 체험하여 알아간다는 것을 말합니다. 어떻게 해야 이렇게 될 수 있을까요? 사도 바울의 표현대로 하나님께서 지혜와 계시의 영을 주셔야

만 할 수 있는 것입니다. 지혜와 계시의 영은 성령 하나님을 말합니다. 다시 말해 성령의 감화, 감동, 인도하심이 있어야만 우리가 하나님을 깊이 알아갈 수 있게 됩니다. 그러므로 우리는 다른 어떤 것보다 하나님께서 우리에게 지혜와 계시의 영을 주셔서 하나님의 뜻과 계획을 올바로 분별할 수 있게 되도록 기도해야 합니다. 그래야만 하나님께서 주시는 보좌의 축복을 체험하고 누리게 됩니다.

사도 바울은 그 다음으로 에베소교회 성도들의 마음의 눈을 밝혀달라고 기도를 하고 있음을 말했습니다. "너희 마음의 눈을 밝히사"라는 이 표현은 성령께서 지혜와 계시를 주시는 것과 같은 의미입니다. 성령께서 감동하시면 영안이 열리게 되고 하나님의 말씀이 깨달아지게 됩니다. 사도 바울은 특히 다음의 세 가지를 보는 눈이 열려야 한다고 언급했습니다. 부르심의 소망이 무엇인지, 기업의 영광의 풍성이 어떠한지, 하나님께서 우리에게 베푸신 능력이 얼마나 큰지를 알아야 한다는 것입니다. 우리는 이것을 깨닫게 해달라고 기도해야 합니다. 다시 말해 내게 주신 천명, 소명, 사명이 무엇인지 분명히 아는 것이 중요하다는 것입니다.

그렇다면 우리를 부르신 부르심의 소망이 무엇일까요? 다음 성경 말씀에 그 답이 있습니다.

> 너희는 택하신 족속이요 왕 같은 제사장들이요 거룩한 나라요 그의 소유가 된 백성이니 이는 너희를 어두운 데서 불러 내어 그의 기이한 빛에 들어가게 하신 이의 아름다운 덕을 선포하게 하려 하심이라 _베드로전서 2:9

한마디로 인생 모든 문제의 해결자 되신 예수 그리스도를 선포하기 위해 우리를 부르셨다는 것입니다. 이는 유리방황하고 있는 불쌍한 불신 영혼들을 건져내라고 우리를 부르셨다는 것을 말합니다. 이런 천명, 소명, 사명을 감당하는 데 많은 역경과 핍박도 있기 때문에 우리에게 주어진 영원한 기업의 풍성함이 어떠한지, 하나님께서 내게 베푸신 능력이 얼마나 큰지를 사실적으로 아는 것이 중요합니다. 이를 깨닫도록 늘 기도하시기 바랍니다.

◆ 재창조의 능력 체험

> 또 만물을 그의 발 아래에 복종하게 하시고 그를 만물 위에
> 교회의 머리로 삼으셨느니라 교회는 그의 몸이니 만물 안에
> 서 만물을 충만하게 하시는 이의 충만함이니라
> _에베소서 1:22~23

 사도 바울은 앞서 에베소서 1장 19절에서 하나님께서 우리
에게 베푸신 능력이 얼마나 큰지 깨닫게 되도록 기도를 드린
다고 했는데 이어서 22~23절에서는 그 능력이 무엇인지를
밝히고 있습니다. 하나님께서 우리에게 베푸신 지극히 크신
능력은 예수 그리스도를 통해서 나타났고 예수 그리스도를
통해 나타난 능력은 죄와 사망의 권세를 이기는 부활의 능
력, 모든 흑암 세력을 꺾으신 왕적인 능력입니다. 한마디로
생명 살리는 재창조의 능력을 우리에게 주셨다는 것입니다.
특히나 20절을 보면, 하나님께서 부활 승천하신 예수 그리스
도를 하나님 오른편에 앉히셨다고 표현하고 있습니다. 여기
서 말하는 오른편이라는 말은 장소적 개념이 아니라 권위를
뜻하는 말입니다. 하나님께서 모든 통치와 권세, 능력과 주
권을 예수님께 주셨다는 것입니다. 그래서 예수 그리스도 그

이름이 모든 이름 위에 뛰어나고 모든 만물이 그의 발 아래 복종하게 된 것입니다. 이 예수 그리스도 이름이 선포되는 순간 하늘 군대가 동원되고, 모든 흑암이 꺾이고, 하나님 나라가 임하게 되는 영적 지각 변동이 일어나는 것입니다.

우리는 하나님께서 이 재창조의 능력을 이미 우리에게 주셨다는 것을 놓치지 말아야 합니다. 19절을 보면 우리에게 '베푸실' 능력이 아니라, '베푸신' 능력이 지극히 크심이 어떤 것인지 너희로 알게 하시기를 구하노라고 되어 있습니다. 하나님께서 우리에게 놀라운 능력을 이미 주셨는데 그것을 제대로 모르니까 그 능력을 사용하지 못하는 것입니다. 예수 그리스도를 우리 인생의 주인으로 모셔 들이는 순간, 하나님께서는 이미 우리에게 세상을 이기고 정복할 위대한 능력을 주셨습니다. 사도 바울은 이 놀라운 재창조의 능력을 바탕으로 전 세계를 다니며 흑암 문화를 복음 문화로 바꾸는 변화의 주도자로 섰습니다. 한마디로 경쟁자가 없는 전도자의 삶을 산 것입니다.

그러니 우리도 기도로 재창조의 힘을 누리며 그 힘을 가지고 이제 전도 운동, 제자화 운동의 자리로 나아가야 합니다.

여러분, 예수 그리스도를 통해 주어진 재창조의 능력을 삶의 현장에서 사실적으로 사용하며 그리스도의 빛을 밝히는 전도자의 삶을 살아가시길 바랍니다.

◆ 차원이 다른 영향력

'하이퍼포머(High Performer)'라는 말이 있습니다. '하이(High)'는 높다는 의미이고 '퍼포머(Performer)는 실행자를 가리킵니다. 쉽게 말하면 '높은 실행력을 갖춘 사람'이라는 뜻입니다. 같은 조건 아래에서도 보통 사람들에 비해 더 많은 성과를 내는 사람을 하이퍼포머라고 합니다. 기업에서도 이런 하이퍼포머를 요구하기 때문에 취준생들은 각종 스펙을 쌓고, 직장을 다니고 있는 직장인들도 쉬지 않고 공부하며 부단히 노력합니다.

그런데 우리에게는 이런 하이퍼포머가 되기 위한 특별한 방법이 있습니다. 바로 재창조의 능력을 체험하는 기도입니다. 기도를 통해 하나님의 것으로 가득 채우면 경쟁자가 따라 올 수 없는 수준으로 뛰어오르게 됩니다. 에베소서 1장 23절의 말씀처럼 예수 그리스도로 충만해지면 차원이 다른 영향력을 입혀나가게 되는 것입니다. 여러분, 기도하는 기쁨을 실제로 체험해 보시길 바랍니다. 이를 통해 영적인 삶뿐만 아니라 삶의 모든 현장에서도 하나님을 가장 영화롭게 하는 최고의 하이퍼포머가 되시기를 예수 그리스도의 이름으로 축복합니다.

✦ 선한 일을 위하여 지으심을 받은 자!

그는 허물과 죄로 죽었던 너희를 살리셨도다 그 때에
너희는 그 가운데서 행하여 이 세상 풍조를 따르고 공중
의 권세 잡은 자를 따랐으니 곧 지금 불순종의 아들들
가운데서 역사하는 영이라 전에는 우리도 다 그 가운데
서 우리 육체의 욕심을 따라 지내며 육체와 마음의 원하
는 것을 하여 다른 이들과 같이 본질상 진노의 자녀이었
더니 긍휼이 풍성하신 하나님이 우리를 사랑하신 그 큰
사랑을 인하여 허물로 죽은 우리를 그리스도와 함께 살
리셨고   (너희는 은혜로 구원을 받은 것이라) 또 함께
일으키사 그리스도 예수 안에서 함께 하늘에 앉히시니
이는 그리스도 예수 안에서 우리에게 자비하심으로써
그 은혜의 지극히 풍성함을 오는 여러 세대에 나타내려
하심이라 너희는 그 은혜에 의하여 믿음으로 말미암아
구원을 받았으니 이것은 너희에게서 난 것이 아니요 하
나님의 선물이라 행위에서 난 것이 아니니 이는 누구든
지 자랑하지 못하게 함이라 우리는 그가 만드신 바라 그
리스도 예수 안에서 선한 일을 위하여 지으심을 받은 자
니 이 일은 하나님이 전에 예비하사 우리로 그 가운데서
행하게 하려 하심이니라 _에베소서 2:1~10

◆ 변화된 신분

메이저리그 야구선수였다가 유명한 전도자가 된 빌리 선데이 목사는 기도에 대해 이런 말을 했습니다. "당신의 기도에서 우울함을 끄집어내고 환호성을 집어넣어라." 대부분의 사람은 감사의 환호성이 아니라 아쉽고 모자란 것을 채워 달라는 기도를 합니다. 하지만 우리는 이런 기도의 수준을 넘어서야 합니다. 하늘 보좌의 축복을 누리는 차원이 다른 기도를 해야 합니다. 성삼위 하나님께서 이미 주신 Heavenly Blessing의 너비와 길이와 높이와 깊이가 어떠한지를 풍성하고 충만하게 체험하는 언약적 기도의 사람이 되어야 하는 것입니다.

사도 바울은 에베소서 2장에서 우리가 하나님으로부터 받은 영적 지위, Spiritual Position에 대해 설명하고 있습니다. 우리에게 주어진 영적 지위를 깨닫는 것은 신앙생활에서 아주 중요한 일입니다. 자기 자신의 신분이 어떻게 변화되었는지 제대로 깨닫지 못하면 이미 주어진 Heavenly Blessing을 실제로 맛보지 못하기 때문입니다. 에베소서 2장 10절을 보면 사도 바울은 우리의 변화된 신분이 '선한 일을 위하여 지으심을 받은 자'라는 사실을 강조합니다. 독자 여러분이 이렇게 변화된 신분에 걸맞은 삶이 과연 어떠한 것인지를 깨닫고 하나님의 선한 일을 행하는 데 최고로 쓰임 받게 되시기를 바랍니다.

◆ 재창조 인생

그는 허물과 죄로 죽었던 너희를 살리셨도다 _에베소서 2:1

사도 바울은 우리의 과거가 허물과 죄로 죽었던 상태였음을 언급하고 있습니다. 이 말은 영적으로 죽어 있었다는 것을 말합니다. 육체의 죽음은 육체가 영혼으로부터 분리되는 것이며, 영적인 죽음은 하나님으로부터 분리된 상태를 말합니다. 허물이라는 것은 원어적 의미로 볼 때 들어가지 말아야 할 땅에 들어가는 것을 뜻합니다. 다시 말하면 하지 말아야 할 일을 하는 것을 가리켜 허물이라고 합니다. 그리고 죄라는 것은 화살이 과녁을 제대로 맞히지 못하고 빗나간 것을 말합니다. 해야 할 일이 있는데 그것을 하지 못하는 것이 죄입니다.

다시 말해 허물과 죄는 하나님께서 원래 인간에게 주셨던 영적 질서에서 벗어난 것을 의미합니다. 하나님 앞에서 하지 말아야 할 일을 하고, 해야 할 일은 하지 않는 그런 청개구리 같은 행동을 인간이 한 것이고, 지금도 반복하고 있습니다. 이 일을 맨 처음에 한 사람이 아담이고, 아담의 후손인 모든 인류는 다 이 문제 속에 빠지고 말았습니다. 범죄한 그 순간 부터 죄인 된 인간은 거룩하신 하나님과 함께할 수가 없게 되었고 하나님을 떠나게 되었습니다. 이렇게 하나님과 분리 된 것을 영적으로 죽어 있는 상태라고 합니다. 바울은 이런 영적 상태에 있는 삶의 모습을 우리에게 구체적으로 설명하 여 주었습니다.

그 때에 너희는 그 가운데서 행하여 이 세상 풍조를 따르고 공중의 권세 잡은 자를 따랐으니 곧 지금 불순종의 아들들 가운데서 역사하는 영이라 전에는 우리도 다 그 가운데서 우리 육체의 욕심을 따라 지내며 육체와 마음의 원하는 것 을 하여 다른 이들과 같이 본질상 진노의 자녀이었더니 _에베소서 2:2~3

바울은 영적으로 죽어 있는 상태에 있는 자들의 특징을 세 가지로 설명하고 있습니다. 첫째는 이 세상 풍조를 따르는 삶을 산다는 것입니다. 하나님을 떠난 인간은 자연스럽게 세상 풍조를 따르게 되어 있습니다. 하나님 말씀을 기준으로 사는 것이 아니라 세상의 가치관, 세상 문화를 사랑하고 그것을 좇아 삽니다. 둘째는 공중의 권세 잡은 자 곧 사탄, 마귀의 종노릇을 하며 살아간다는 것입니다. 마지막 세 번째는 육체의 욕심을 따라 생활한다고 밝혔습니다.

사도 바울은 이런 세 가지 특징을 요약하여 '본질상 진노의 자녀'라고 표현했습니다. 이는 근본적으로 하나님의 진노를 받아 영원한 멸망 길로 갈 수밖에 없는 운명에 빠진 것이 하나님을 떠난 인간의 본질임을 가리킵니다. 이것이 과거 우리의 모습이었습니다. 이런 삶을 살아가면 결국 사탄의 열두 가지 영적 흐름을 따라가게 됩니다.

사탄의 열두 가지 영적 흐름은 다음의 세 분류로 나눌 수 있습니다. 첫째는, 사람 중심의 생각입니다. 창세기 3장의 자기 중심, 창세기 6장의 물질 중심, 창세기 11장의 세상 성공 중심의 삶을 말합니다. 둘째로는, 우리를 미혹하게 하는 세 가지가 있습니다. 그것이 사도행전 13장의 무속, 사도행전 16장의 점술, 사도행전 19장의 우상 문화입니다. 마지막으로 불신자 상태 여섯 가지가 있습니다. 그것은 바로 우리의 눈을 어둡게 만드는 근본 문제, 영적 문제, 정신 문제, 육신 문제, 내세 문제, 후대 문제입니다. 이렇게 열두 가지가 인간을 영원한 멸망 길로 가게 만드는 사탄의 영적 흐름입니다.

이런 사탄의 영적 흐름에 들어가면 범죄한 인간 스스로는 절대 빠져나올 수 없습니다. 빠져나오려고 무언가를 하면 할수록 더 심각한 상태에 빠지게 됩니다. 그래서 무당이나 점쟁이에게 가서 문제를 해결할 답을 구하는데 그들은 자기 자신의 문제도 해결하지 못하는 이들입니다. 그런데 그들에게 답을 구하니 제대로 된 답이 나올 수 있겠습니까? 시간이 흐를수록 더 심각한 상태로 빠질 수밖에 없습니다. 그런데 이런 상태에 있던 우리에게 극적인 반전이 일어났습니다.

긍휼이 풍성하신 하나님이 우리를 사랑하신 그 큰 사랑을
인하여 허물로 죽은 우리를 그리스도와 함께 살리셨고
(너희는 은혜로 구원을 받은 것이라) 또 함께 일으키사 그리
스도 예수 안에서 함께 하늘에 앉히시니 _에베소서 2:4~6

긍휼이 풍성하신 하나님께서 우리를 사랑하사 예수 그리스도 안에서 다시 살아날 수 있는 길, 하나님과의 관계를 회복할 수 있는 길을 열어주셨습니다. 바울은 그 과정을 세 가지로 표현하고 있습니다. 그리스도와 함께 우리를 살리셨고, 함께 일으켜 주셨고, 함께 하늘에 앉히셨다고 말합니다. 이것은 예수 그리스도의 십자가 대속과 부활, 승천의 놀라운 영적 축복을 가리키는 것입니다.

한마디로 말해 우리는 이전과는 전혀 다른 새로운 존재, 새로운 신분으로 재창조되었습니다. 그것도 어떤 인간의 노력이 더하여진 것이 아니라 전적인 하나님의 은혜로 주어졌다는 것입니다.

> 너희는 그 은혜에 의하여 믿음으로 말미암아 구원을 받았으니 이것은 너희에게서 난 것이 아니요 하나님의 선물이라
> _에베소서 2:8

지극히 풍성한 하나님의 은혜로 재창조되었다는 것이 얼마나 큰 축복인지 우리가 인식하느냐 못하느냐에 따라 그 삶은 천양지차로 달라집니다. 다음은 한 탈북자가 중국과 베트남

을 거쳐 고생 끝에 한국에 와서 정착 교육을 받은 뒤 마침내 주민등록증을 받으면서 쓴 글입니다. 이 글을 읽고 나면 재창조의 기쁨을 다시금 생각해보게 됩니다.

"나는 담당 공무원으로부터 주민등록증을 받는 순간 그동안 겪었던 많은 고생의 여정들이 눈앞을 지나가며 감회에 젖었다. 밤에도 머리 위에 주민등록증을 놓고 잠을 자다가 잠이 오지 않으면 다시 불을 켜고 주민등록증에 내 얼굴이 선명하게 있는 것을 보고 잠을 잤다."

여러분 가운데 주민등록증을 받으면서 이런 감동을 받은 분이 있습니까? 그저 나이가 되면 받는 것으로 당연하게 생각했을 것입니다. 하지만 목숨을 걸고 탈북한 이에게는 주민등록증이 무엇보다 소중한 것으로 여겨졌습니다.

유명한 영성학자 브레넌 매닝은 "오늘날 그리스도인들은 은혜를 많이 말하지만 사실상 은혜를 부인하고 있다. 말로는 은혜를 말하고 있지만, 삶으로는 은혜를 멀리한다."라고 말했습니다. 이게 무슨 말일까요? 많은 사람이 자신이 재창조되었다는 은혜의 가치를 놓치고 산다는 것입니다. 여러분,

이 은혜의 가치를 놓쳐서는 안 됩니다. 재창조 인생을 살게 된 것은 예수님께서 십자가 대속이라는 값으로 환산할 수 없는 대가를 치르셨기 때문에 주어졌음을 잊지 말아야 합니다. 우리는 이 놀라운 구원의 은혜에 대한 감사를 한시도 잊어서는 안 될 것입니다.

✦ 걸작품 인생

> 우리는 그가 만드신 바라 그리스도 예수 안에서 선한 일을
> 위하여 지으심을 받은 자니 이 일은 하나님이 전에
> 예비하사 우리로 그 가운데서 행하게 하려 하심이니라
> _에베소서 2:10

사도 바울은 하나님의 전적인 은혜로 신분 변화의 축복을 받은 우리가 얼마나 소중한 존재인지를 깨닫고 하나님께서 원하시는 삶을 살아가야 한다는 사실을 강조하고 있습니다. 특히 우리는 하나님께서 만드신 존재라는 사실을 먼저 언급하고 있습니다. "우리는 그가 만드신 바라"라는 표현은 언뜻 보기에 아주 단순한 것 같지만 원어적으로는 매우 중요한 의미가 담겨 있습니다. '만드신 바라'는 헬라어로 '포이에마'

라고 하는데 이는 '작품'이라는 뜻입니다. 이 '포이에마'에서 시를 의미하는 영어 단어 '포엠(poem)'이 나왔습니다. 문학적으로 볼 때 함축적인 단어로 아름다운 묘사가 쓰이는 장르가 바로 시입니다. 이를 통해 우리는 하나님께서 우리를 얼마나 아름답게 창조하셨는지를 다시금 느낄 수 있습니다. 우주만물이 다 하나님의 작품이지만 그 가운데 가장 아름다운 작품, 최고 가치 있는 걸작품이 바로 우리입니다.

우리가 하나님의 걸작품이라는 영적 절대 가치 의식을 가지게 되면 다른 사람의 말 한마디에 힘들어하지 않습니다. 모든 비교의식으로부터 자유로워지며, 세상의 서론적인 것에 매이지 않게 되는 것입니다. 이렇게 되면 자연스럽게 본론을 향해 인생의 방향을 잡고 도전하는 자리로 나아가게 됩니다.

사도 바울은 다음 성경 말씀을 통해 우리를 하나님의 걸작품으로 만드신 이유에 대해 설명했습니다.

> 우리는 그가 만드신 바라 그리스도 예수 안에서 선한 일을 위하여 지으심을 받은 자니 _에베소서 2:10

우리는 하나님의 선한 일을 행하도록 지으심을 받았습니다. 작품을 만드는 예술가가 작품을 만들 때 아무렇게나 만들지 않습니다. 분명한 의도를 가지고 만듭니다. 마찬가지로 창조주 하나님께서는 분명한 의도를 가지고 우리를 창조하셨습니다. 그것이 바로 하나님의 선한 일을 하는 것입니다. 그렇다면 하나님의 선한 일이 무엇일까요? 다음 성경 말씀에 그 답이 나와 있습니다.

> 하늘에 있는 것이나 땅에 있는 것이 다 그리스도 안에서
> 통일되게 하심이라 _에베소서 1:10

한마디로 그리스도 안에서 만물이 통일되게 하는 삶을 사는 것입니다. 통일된다는 말은 다시 머리가 되게 한다는 뜻입니다. 창세기 3장 이전에는 원래 그리스도가 머리가 되어 있던 상태였습니다. 그런데 창세기 3장 사건으로 하나님의 창조 질서가 깨지고 말았습니다. 타락한 인간은 자기가 스스로 머리가 되고 주인이 되어 제 맘대로 살게 되었습니다. 이런 비정상 상태를 영적 정상 상태로 다시금 회복시키는 것이 하나님의 선한 일을 행하는 것입니다. 하나님께서는 예수 그리스도를 우리 개인과 가정과 교회와 사회에 다시 머리가 되게

하셨습니다. 따라서 우리에게는 그 역할을 감당해야 할 천명, 소명, 사명이 있습니다. 이것을 간단하게 요약하면 전도와 선교입니다. 그렇기 때문에 237나라 5천 종족 복음화의 미션을 실현해 나가는 것이 바로 하나님의 선한 일을 행하는 것이 됩니다. 그러니 우리는 하나님께서 우리에게 주신 천명, 소명, 사명을 굳게 붙잡고 237미션 실현의 주역으로 서는 걸작품 인생을 살아가야 할 것입니다.

◆ 성령의 바람

UN 식량농업기구(FAO)의 보고서에 따르면 기후와 환경 변화 등으로 사막메뚜기 떼가 기승을 부리는 일이 자주 발생하고 있다고 합니다. 이 사막메뚜기 떼는 메뚜기 중에서 가장 파괴적인데 어느 한 지역에만 머무르는 것이 아닙니다. 주로 아프리카 지역에서 발생해 인도, 파키스탄, 중국에까지 큰 피해를 끼치고 있다고 합니다. 그런데 어떻게 사람의 손가락만한 크기의 메뚜기가 대륙을 이동할 수 있을까요? 그 답은 기류에 있습니다. 사막메뚜기는 기류를 타고 해발 2,000m 까지 올라가 하루에 200km씩 이동을 한다고 합니다.

이 같은 사막메뚜기의 이동 방법은 우리의 사역에도 적용됩니다. 우리가 하나님의 선한 일을 행할 때 자신의 힘과 수준으로는 도저히 되지 않는다며 지레 포기할 수 있습니다. 하지만 하나님의 일은 인간의 방법으로 하는 것이 아닙니다. 그렇기 때문에 필요한 것이 성령의 바람입니다. 초대교회의 놀라운 현장 변화에도 성령의 역사가 있었습니다. 마가다락방에 성령이 불길처럼 바람처럼 임한 이후 사도와 제자들이 놀라운 현장 변화의 주역으로 서게 된 것입니다. 그렇다면 성령의 바람은 어디서 어떻게 불어오게 될까요? 성령의 바람은 현장에서 불어옵니다. 우리가 현장에서 생명 살리는 유일성의 복음을 선포할 때 성령의 바람이 불어오게 된다는 사실을 깨닫고 믿으시기 바랍니다. 모든 독자 여러분이 현장에서 생명 살리는 하나님의 선한 일을 행함으로써 성령의 바람을 타고 지경을 넓혀나가게 되시기를 예수 그리스도 이름으로 축복합니다.

✦ 화평의 복음공동체!

그러므로 생각하라 너희는 그 때에 육체로는 이방인이
요 손으로 육체에 행한 할례를 받은 무리라 칭하는 자들
로부터 할례를 받지 않은 무리라 칭함을 받는 자들이라
그 때에 너희는 그리스도 밖에 있었고 이스라엘 나라 밖
의 사람이라 약속의 언약들에 대하여는 외인이요 세상
에서 소망이 없고 하나님도 없는 자이더니
이제는 전에 멀리 있던 너희가 그리스도 예수 안에서 그
리스도의 피로 가까워졌느니라
그는 우리의 화평이신지라 둘로 하나를 만드사 원수 된
것 곧 중간에 막힌 담을 자기 육체로 허시고
법조문으로 된 계명의 율법을 폐하셨으니 이는 이 둘로
자기 안에서 한 새 사람을 지어 화평하게 하시고
또 십자가로 이 둘을 한 몸으로 하나님과 화목하게 하려
하심이라 원수 된 것을 십자가로 소멸하시고
또 오셔서 먼 데 있는 너희에게 평안을 전하시고 가까운
데 있는 자들에게 평안을 전하셨으니
이는 그로 말미암아 우리 둘이 한 성령 안에서 아버지께
나아감을 얻게 하려 하심이라
_에베소서 2:11~18

✦ 힘써 지키라

 사람은 각자 살아온 삶의 배경, 문화, 환경에 따라 각기 다른 모습을 가지고 있습니다. 교회 안에 있는 모든 성도들도 저마다 다른 성향을 보입니다. 말 그대로 백인백색, 만인만색입니다. 그렇기 때문에 하나님의 일을 위해 제일 중요한 것은 교회가 '화평의 복음공동체'를 이루는 것입니다.

 지난 챕터를 통해 우리는 구원받은 우리가 하나님의 선한 일을 위하여 지음 받은 자라는 사실을 알게 됐습니다. 하나님의 선한 일은 만물을 그리스도 안에서 통일되게 하는 것, 곧 생명 살리는 전도와 선교를 말합니다. 그것은 237나라 5천 종족 복음화의 미션을 실현하는 것을 가리킵니다. 우리는 이런 하나님의 선한 일을 위해 재창조되었습니다. 그것도 걸작품, 가장 가치 있는 존재로 신분이 변화되었습니다.

 이번 챕터를 보면, 사도 바울은 이런 하나님의 선한 일을 행하기 위해 중요한 플랫폼이 있는데, 그것이 바로 교회가 화평의 복음공동체를 이루는 것임을 강조합니다. 사실 사탄은 어떻게 해서든 교회가 Oneness 되지 못하도록 집중적으로 지속적으로 공격합니다. 그래서 사도 바울은 다음과 같이 강조했습니다.

평안의 매는 줄로 성령이 하나 되게 하신 것을 힘써 지키라
_에베소서 4:3

그냥 지키는 것이 아니라 힘써 지키라고 할 정도로 사탄의 공격이 집요하다는 것입니다. 사탄은 우리에게 영적인 것이 아닌 육신적인 것에 관심을 갖고 욕심내도록 유혹합니다. 창세기 3장의 자기중심, 창세기 6장의 물질 중심, 창세기 11장의 세상 성공 중심의 삶에 매몰되게 속이는 것입니다. 이렇게 되면 결과적으로 성도 간에 감정이 상하게 됩니다. 그리고 그 결과는 Oneness가 아니라 Oneless가 되어버리고 맙니다. 영적인 지경을 넓히는 데에 한걸음도 나아가지 못하게 되는 것입니다. 우리는 이런 사탄의 유혹과 공격에 맞서 영적으로 깨어있는 삶을 살아감으로써 화평의 복음공동체를 이루어야 할 것입니다.

◆ 십자가로 이루신 화평

> 그러므로 생각하라 너희는 그 때에 육체로는 이방인이요
> 손으로 육체에 행한 할례를 받은 무리라 칭하는 자들로부터
> 할례를 받지 않은 무리라 칭함을 받는 자들이라 그 때에
> 너희는 그리스도 밖에 있었고 이스라엘 나라 밖의 사람이라
> 약속의 언약들에 대하여는 외인이요 세상에서 소망이 없고
> 하나님도 없는 자이더니 _에베소서 2:11~12

사도 바울은 에베소서 2장 1~10절의 말씀을 통해 개인적 차원의 구원 부분을 다루었습니다. 그 내용은 하나님의 전적인 은혜로 우리가 구원의 반열에 오를 수 있었다는 것이었습니다. 이어서 11절부터는 그 범주를 개인을 넘어 구원받은 자들의 공동체에 대한 부분으로 확대시킵니다. 그러면서 에베소서의 일차적 수신자인 에베소교회 성도들을 향해 과거에 어떤 상태에 있었는지를 진지하게 생각해보라고 언급하였습니다. 구원 이전과 이후의 상태를 제대로 인식하지 못하면 Heavenly Blessing을 누리지 못하고 옛 틀, 옛 습관으로 돌아갈 수 있기 때문입니다.

앞의 성경 말씀에는 다소 복잡한 용어들이 나옵니다. 에베소교회 성도들이 과거에는 육체로는 이방인이었고, 할례를 받지 않은 무리였으며, 그리스도 밖에 있었고, 약속의 언약들에 대하여는 외인이요, 세상에서 소망이 없고 하나님도 없는 자라고 표현하고 있습니다. 이 부분은 하나님의 구속사 성취, 다시 말해서 인류 구원의 시간표 속에서 이해할 수 있는 내용입니다.

구약시대에는 유대인이라고 불리는 이스라엘 백성들만이 하나님의 선택을 받은 언약 백성이었습니다. 그런데 이것은 이스라엘 백성들이 절대 잘나서가 아니었습니다. 하나님의 전적인 은혜였고 이 선택의 목적 또한 이들을 통해 인류 구원의 길을 여시기 위함이었습니다. 하나님께서 이스라엘을 다른 민족을 구원할 제사장 나라로 삼으신 것입니다. 출애굽기 19장을 보면 이 언약이 시내산에서 체결되었다고 해서 시내산 언약이라고 합니다.

하지만 유대인들은 이런 하나님의 본질적 의도를 제대로 이해하지 못하고 자신들만이 선민이라는 착각 속에서 이방인을 무조건 배척하였습니다. 당시 성전의 구조를 보더라도 이런 모습이 잘 나타나 있습니다. 성전에는 다양한 뜰들이 있었습니다. 제사장이 제사를 드리는 제사장의 뜰, 이스라엘 남자만이 들어갈 수 있었던 이스라엘의 뜰, 그리고 여인들이 들어갈 수 있는 여인의 뜰과 그밖에 이방인의 뜰이 있었습니다. 우리가 말하는 기도의 뜰이 장소적으로는 여인의 뜰을 가리킵니다.

이 여인의 뜰은 역대하 20장에 처음으로 언급됩니다. 여기에 보면 남유다로 모압, 암몬, 마온 연합군이 쳐들어왔습니다. 이때 여호사밧왕이 온 유다 땅에 금식을 선포하고 온 회중을 성전의 새 뜰에 모이도록 하여 여호와께 간구했습니다. 이 뜰이 여인의 뜰, 즉 기도의 뜰이었습니다. 그런데 이 여인의 뜰과 이방인의 뜰 사이에는 담이 쳐져 있었고 여기에는 "어떤 이방인도 들어오지 못한다. 누구든 이를 어기면 죽임을 당하는 결과에 책임을 져야 한다."라는 섬뜩한 경고문이 세워져 있었다고 합니다. 그만큼 철저하게 유대인과 이방인을 구분했던 것입니다.

이런 배경 속에서 보면 에베소교회 성도들은 혈통으로는 이방인이었고, 유대인 남자라면 누구나 받았던 할례를 받지 않은 상태였습니다. 그리고 그리스도 밖에 있었다는 것은 유대인들과 달리 그리스도에 대한 하나님의 언약과 상관이 없는 상태였다는 말이고, 그렇기 때문에 약속의 언약들에 대하여는 외인이라고 표현한 것입니다. 그러니 당연히 소망이 없는 비참한 삶, 12가지 사탄의 영적 흐름 가운데 살다가 영원한 멸망 길로 갈 수밖에 없는 상태였습니다. 그런데 이런 영적 상태에 일대 전환이 일어나게 되었습니다.

> 이제는 전에 멀리 있던 너희가 그리스도 예수 안에서
> 그리스도의 피로 가까워졌느니라 _에베소서 2:13

그리스도 밖에 있었던 이방인들이 이제는 예수 그리스도의 피로 인해 하나님과 가까워지게 되었습니다. 그리고 16절에는 보다 구체적으로 예수 그리스도의 십자가 대속을 통해 하나님과 한 몸이 된 상태, 영적으로 화목한 상태가 되었다고 말하고 있습니다. 그래서 14절 말씀에서는 예수 그리스도가 우리의 화평이라고 강조합니다. 죄로 말미암아 하나님과 원수 된 관계, 하나님과의 막힌 담이 예수 그리스도의 십자가 대속으로 완전히 무너졌으니 이것이 얼마나 큰 은혜냐고 말씀하고 있습니다. 그러니 예수님께서 십자가로 이루신 화평

에 감사하며 서로 하나가 되어야 하는 것입니다.

한국초대교회사에 보면 이런 화평의 모습이 잘 나타나 있습니다. 대표적인 것이 금산교회 이자익 목사와 조덕삼 장로의 이야기입니다. 금산교회는 1900년대 초 테이트 선교사와 지역에서 마방을 운영하던 조덕삼의 만남을 통해 세워진 교회입니다. 당시 그 마방에서 마부로 일하던 청년 이자익도 복음을 듣고 교회에 다녔는데 주인과 머슴 관계이던 둘은 세례도 함께 받고, 집사 직분도 같은 날에 받았습니다. 그렇게 시간이 지나 교회가 성장하면서 장로 피택을 위해 두 사람을 놓고 투표를 했는데 놀라운 결과가 나왔습니다. 머슴이던 이자익이 주인 조덕삼을 제치고 장로로 피택된 것입니다. 철저한 신분사회의 문화가 남아 있던 당시에 이 결과를 보고 교인들도 충격을 받아 아무 말도 못하고 있었습니다. 그런데 놀랍게도 조덕삼이 교회의 결정을 하나님의 뜻으로 받아들이고는 자신보다 신앙적으로 더 성숙한 사람을 뽑아서 감사하다는 고백을 하였습니다. 물론 2년 후에 조덕삼도 장로가 되었고, 이자익을 평양신학교로 보내서 목사가 되도록 후원했으며, 다시 금산교회 담임목사로 청빙해서 지역복음화를 이루어 나갔습니다. 이자익 목사는 총회장을 세 번이나 하면서 한국교회에 큰 영향력을 입혔습니다.

이처럼 초대한국교회는 한국 사회의 신분 장벽을 허는 화해의 공간이었습니다. 이것이 바로 예수님께서 십자가로 이루신 화평의 공동체의 모습입니다. 우리는 창세기 3장의 자기 중심적 생각에서 완전히 벗어나야 합니다. 세상에서의 모습이 아니라 그리스도 안에서의 변화된 새 모습으로 하나님의 일을 해야 합니다. 그렇게 될 때 막힌 담을 허물고, 화평의 공동체를 이룰 수 있는 것입니다.

◆ 화평을 이루신 목적

> 또 오셔서 먼 데 있는 너희에게 평안을 전하시고 가까운 데
> 있는 자들에게 평안을 전하셨으니 이는 그로 말미암아
> 우리 둘이 한 성령 안에서 아버지께 나아감을 얻게 하려
> 하심이라 _에베소서 2:17~18

앞의 성경 말씀에서 '먼 데 있는 너희'라는 말은 이방인들을 의미하는 것이고, '가까운 데 있는 자들'이라는 말은 유대인을 의미하는 말입니다. 이 두 대상 모두에게 예수님께서 오

셔서 평안을 전하셨다는 것입니다. 이로 인해 이방인들이나 유대인들이나 다 하나님께 나아갈 수 있게 되었습니다. 이 말씀은 다음의 성경 말씀을 인용한 것으로 예수 그리스도를 통해 이 언약이 성취되었음을 밝히고 있습니다.

> 입술의 열매를 창조하는 자 여호와가 말하노라 먼 데 있는 자에게든지 가까운 데 있는 자에게든지 평강이 있을지어다 평강이 있을지어다 내가 그를 고치리라 하셨느니라 그러나 악인은 평온함을 얻지 못하고 그 물이 진흙과 더러운 것을 늘 솟구쳐 내는 요동하는 바다와 같으니라 내 하나님의 말씀에 악인에게는 평강이 없다 하셨느니라
> _이사야 57:19~21

악인들의 마음속에는 평강이 없고 마치 요동치는 바다와 같다고 말씀하고 있습니다. 하나님을 떠난 인간의 상태가 이와 같습니다. 지금도 어느 날 갑자기 찾아오는 영적 문제를 막지 못하고 엉뚱한 답을 찾아 헤매는 불신자들이 너무 많습니다. 이런 현장의 유리방황하는 불신 영혼을 향해 우리가 평안을 선물하는 삶을 살아야 합니다. 그것이 우리를 친히 찾아오셔서 우리에게 평안을 선물하신 예수님을 기쁘시게 하는 삶입니다.

당시 문화를 보면 '프로사고게'라는 임무를 맡은 사람이 있었습니다. '프로사고게'는 '나아가게 하는 역할'을 뜻하는 것으로 왕을 알현하기 원하는 사람을 선별하여 왕에게로 나아갈 수 있게 해 주는 왕의 최측근이었습니다. 예수님께서 그리스도로 오셔서 십자가를 지시고 우리에게 하나님 앞에 나아갈 수 있도록 그 역할을 감당하셨습니다. 우리도 이처럼 프로사고게의 역할을 감당하는 삶으로 나아가야 할 것입니다.

역사학자이자 런던대학의 교수인 올랜도 피아지스가 저술한 「속삭이는 사회」라는 책이 있습니다. 여기서 보면 '속삭이는 사람들'이라는 표현이 나오는데 이는 구소련의 스탈린 통치하에 살던 사람들을 지칭하는 말입니다. 속삭이는 사람들은 살아남기 위해 침묵해야만 하는 사람들입니다. 그들은 살아남기 위해 속삭이는 데 길들여져 있었던 것입니다. 그런데 오늘날 교회의 문제가 이렇습니다. 점점 더 속삭이는 사람들이 많아지고 있습니다. 십자가의 복음에 대해 침묵하고 교회 안에서 자기들끼리만 속삭이고 있습니다. 우리는 속삭이는 삶이 아니라 외치는 삶, 십자가의 복음을 선포하는 삶을 살아야 합니다. 모든 독자 여러분이 삶의 현장에서 십자가 복

음을 외치는 사람들, 우리의 화평이신 예수 그리스도를 선포
하는 화평의 전령사가 되시기를 예수 그리스도의 이름으로
축복합니다.

✦ 함께 지어져 가는 우리!

그러므로 이제부터 너희는 외인도 아니요 나그네도
아니요 오직 성도들과 동일한 시민이요 하나님의 권속
이라 너희는 사도들과 선지자들의 터 위에 세우심을
입은 자라 그리스도 예수께서 친히 모퉁잇돌이
되셨느니라 그의 안에서 건물마다 서로 연결하여
주 안에서 성전이 되어 가고 너희도 성령 안에서 하나님
이 거하실 처소가 되기 위하여 그리스도 예수 안에서
함께 지어져 가느니라 _에베소서 2:19~22

✦ 언약공동체로서의 교회

이번 챕터의 제목은 '함께 지어져 가는 우리'입니다. 우리나라만큼 '우리'라는 표현을 많이 사용하는 나라는 없을 것입니다. 제가 바로 앞에서도 '내 나라'가 아닌 '우리나라'라고 할 정도로 '우리'라는 말을 많이 사용합니다. '우리'라는 표현에는 복수의 개념이 들어있습니다. 그리고 공동체 의식이 담겨있기도 합니다. 그래서 우리 교회, 우리 학교, 우리 동네와 같이 사용하고는 합니다. 영적인 삶을 살아가는 데 있어서 이런 공동체 의식이 중요합니다. 너와 내가 함께한다는 우리 의식을 가질 때 교회가 힘 있게 하나님의 나라를 확장해 나갈 수 있습니다.

우리가 살펴보고 있는 이 에베소서는 조직 신학 중에서 교회론에 대해 가장 잘 설명이 되어 있는 말씀 중의 하나입니다. 교회라는 말이 직접적으로는 많이 나와 있지 않지만, 교회가 무엇인지 무엇을 추구해야 하는지에 대한 교회의 본질적 존재 의미가 담겨있습니다. 한마디로 교회를 향한 하나님의 뜻과 계획이 무엇인지 그 핵심이 담겨 있는 것입니다. 그 핵심은 바로 교회당 개념이 아니라 하나님의 성전 된 우리,

예수 그리스도의 피로 하나 된 언약공동체로서의 교회입니다.

에베소서의 1차 수신자인 에베소교회 성도들 대다수는 과거 창세기 3장의 우상 문화 속에 살다가 예수를 믿고 하나님의 자녀가 된 사람들이었습니다. 바울이 이미 밝힌 대로 그리스도 밖에 있었던 이방인이었기 때문에 그리스도 안의 영적 문화가 어떤 것인지에 대해 제대로 알 수가 없었습니다. 교회라는 공동체 속에 들어와 있지만, 맞지 않는 옷을 입은 것처럼 뭔가 안 어울리고 어색한 느낌을 가지고 있었던 것입니다.

바울은 이런 이방인 출신의 에베소교회 성도들을 향하여 하나님의 자녀가 어떤 존재인지 그리고 이런 하나님의 자녀들이 모인 교회가 어떤 모습을 가지고 있는지에 대해 계속해서 언급하고 있습니다. 이는 현재도 마찬가지입니다. 불신자 상태에서 교회에 새로 등록한 이들은 에베소교회의 이방인 출신 성도들과 마찬가지의 느낌을 가질 것입니다. 그렇기 때문에 신앙생활을 먼저 시작한 이들의 역할이 중요합니다. 이번 챕터의 제목처럼 '함께 지어져 가는 우리'라는 영적 의식을 가져야 하는 것입니다. 이런 영적 의식을 가지고 있어야 만 어떤 상황과 환경 속에서도 서로를 세워가며 언약공동체 로서의 교회를 만들어 갈 수 있게 됩니다.

✦ 하나님의 권속 의식

> 그러므로 이제부터 너희는 외인도 아니요 나그네도 아니요
> 오직 성도들과 동일한 시민이요 하나님의 권속이라
> _에베소서 2:19

 사도 바울은 이렇게 하나 된 공동체 안에서 어떤 영적 정체 성을 가지고 살아가야 하는지에 대해서 언급하고 있습니다. 특히 이방인 출신 성도들은 이제는 더 이상 외인과 나그네와 같은 삶을 살아서는 안 된다는 사실을 강조하고 있습니다. 육신의 혈통으로는 이방인이었지만 이제는 더 이상 육신적 인 이방인과는 다른 존재라는 것입니다. 이는 우리가 천국시 민권을 받은 존재요 하나님의 권속이 되었다는 것을 말합니 다. '권속'이라는 말은 헬라어로 '오이케이오스'라고 하는데, '한가족'을 의미합니다. 따라서 하나님의 권속이라는 것은 하나님을 한 아버지로 모신 영적 가족이 되었다는 것을 뜻하

게 됩니다. 그래서 나이에 상관없이 누구나 다 하나님을 아버지라고 부르는 것입니다. 하나님을 형님이나 오빠라고 부르는 사람은 없습니다. 하나님은 우리 모두의 아버지가 되십니다. 그러니 우리는 예수 그리스도의 피로 영적 혈연관계를 맺게 된 것입니다. 이는 완전히 주 안에서 한 몸이 되었다는 것을 말합니다.

이런 하나님의 권속 의식을 누구보다 사실적으로 가지고 사역을 했던 인물이 바로 사도 바울입니다. 우리가 노예 해방하면 미국의 링컨 대통령을 떠올리는데 링컨보다 앞서서 노예 해방을 실행했던 인물이 바로 사도 바울입니다. 사도 바울과 함께 시대적인 복음 운동을 펼쳐나갔던 동역자들의 명단을 보면 노예 출신들이 많습니다. 그런데 그들의 이름이 로마서 16장에 기록되어 있습니다. 사도 바울은 그들을 노예로 보지 않고 하나님의 권속으로 보았던 것입니다. 당시는 신분을 철저히 따지는 시대였습니다. 그러나 사도 바울은 그런 당시 문화를 초월했습니다. 노예 제도를 아예 무너뜨려 버린 것입니다.

이를 잘 보여 주는 인물이 바로 오네시모입니다. 그는 원래 빌레몬이라는 사람의 노예였는데 주인의 물건을 훔쳐 도망쳐 이곳저곳을 떠돌아다니다가 로마의 감옥에서 바울을 만났습니다. 바울을 통해 복음을 받은 오네시모는 신실하고 사랑받는 형제로 변화됐습니다. 사도 바울은 빌레몬에게 보내는 편지에서 오네시모를 자신의 아들, 심복, 사랑받는 형제로 묘사하면서 그를 그리스도 안에서 한 형제로 받아들여 주기를 부탁했습니다. 하나님의 권속 의식을 가져달라고 청했던 것입니다. 그 편지가 바로 빌레몬서입니다. 오네시모는 후에 두기고와 함께 바울이 골로새교회에 보내는 편지를 전달했고, 에베소교회의 존경받는 감독이 되었을 정도로 사역적으로 큰 이정표를 남기게 되었습니다.

이렇게 하나님의 권속 의식은 초대교회가 시대적 복음 운동의 기치를 높게 들 수 있었던 플랫폼이 되었습니다. 그리스도 안에 있으면 누구나 새로운 피조물이라는 영적 의식, 영적 한가족 의식을 초대교회가 가졌기 때문에 복음의 선한 영향력을 입힐 수 있었던 것입니다. 모든 독자 여러분이 교회 안에서 이런 하나님의 권속 의식을 가지고 서로를 품으며 함께 영적 성장을 이루어 가게 되시기를 바랍니다.

✦ 하나님의 성전 의식

> 너희는 사도들과 선지자들의 터 위에 세우심을 입은 자라
> 그리스도 예수께서 친히 모퉁잇돌이 되셨느니라 그의
> 안에서 건물마다 서로 연결하여 주 안에서 성전이 되어
> 가고 너희도 성령 안에서 하나님이 거하실 처소가 되기
> 위하여 그리스도 예수 안에서 함께 지어져 가느니라
> _에베소서 2:20~22

사도 바울은 예수 그리스도 안에서 영적 한가족이라는 하나님의 권속 의식에 이어 우리가 하나님의 성전이라는 의식을 가지고 있어야 한다는 사실을 강조했습니다. 성전이라는 단어는 이스라엘 백성의 정체성이 담겨있는 말로 그들의 삶을 좌우하는 표현입니다. 그들의 삶은 성전을 중심으로 이루어졌습니다. 그런데 안타깝게도 이들은 하나님의 성전을 건물 개념으로만 보았습니다.

그런데 앞의 성경 말씀을 보면, 우리가 가지고 있어야 할 하나님의 성전 의식은 그런 것이 아니었습니다. 하나님의 임재를 24시간 누리며 사는 존재가 되는 것이 바로 바울이 말하

는 성전 의식이었습니다. 그래서 바울은 고린도전서 3장 16절에서 "너희는 너희가 하나님의 성전인 것과 하나님의 성령이 너희 안에 계시는 것을 알지 못하느냐"라고 말했고, 고린도후서 6장 16절에서는 "우리는 살아 계신 하나님의 성전이라"고 했습니다. 이는 우리가 하나님의 성전 된 존재로서의 삶을 살아가야 한다는 것을 말합니다.

사도 바울은 하나님의 성전 된 존재로서의 삶의 플랫폼이 하나님의 말씀인 성경이라는 사실을 강조했습니다. 앞의 성경 말씀에 나오는 '사도들과 선지자들의 터'는 사도들과 선지자들이 성령의 감동으로 기록한 하나님의 말씀을 말합니다. 하나님의 말씀만이 하나님의 성전 된 우리 인생의 플랫폼이 된다는 사실을 우리는 반드시 깨달아야 합니다.

이어서 사도 바울은 예수님께서 친히 '모퉁잇돌'이 되셨다며, 예수 그리스도가 바로 핵심이라는 사실을 밝히고 있습니다. 이는 당시의 건축 양식을 예로 들어 설명한 것입니다. 당시에는 건물을 지을 때 가장 중요하게 여기는 것이 모퉁잇돌이었습니다. 이 모퉁잇돌은 건물을 짓는 기준이 되었습니다. 모퉁잇돌을 중심으로 벽돌을 쌓아 올라갔기 때문에 모퉁잇돌이 없는 건물은 상상할 수가 없었습니다. 한마디로 예수 그리스도가 없는 신앙생활은 의미가 없다는 것입니다. 우리가 그렇게 오직 예수 그리스도를 강조하는 이유가 바로 여기에 있습니다.

우리는 예수 그리스도를 중심으로 서로 연결되어 한 성전으로 지어져 가는 벽돌들이라는 사실을 볼 수 있어야 합니다. 237나라 5천 종족을 살리는 한 방향, 한 목적을 향해 함께 지어져 가는 존재들입니다. 특히 이 말씀에는 두 가지 중요한 영적 교훈이 담겨 있습니다. 첫째는 어느 한 사람도 소중하지 않은 사람이 없다는 것입니다. 만약 건물을 짓다가 벽돌 하나가 빠져나가면 어떻게 되겠습니까? 건물이 무너져 내리고 말 것입니다. 그래서 자기 한 사람 정도는 없어도 될 것이라는 생각 자체를 해서는 안 됩니다. 여러분 한 사람이 얼마나 가치 있는 존재인지를 기억하시기 바랍니다. 둘째는 우리 모두가 아직은 불완전한 존재라는 것입니다. 신학적으로 표현할 때 우리는 성화되는 과정에 있습니다. 쉽게 설명하면 우리는 주님 앞에 서기 전까지는 공사 중인 상태입니다. 그러니 우리의 생각과 사고를 복음적으로 바꿔야 합니다. 다른 이의 흠결을 지적하고 정죄하는 것이 아니라 그럴 수 있다고 너그러이 보아야 하는 것입니다.

> 너희도 성령 안에서 하나님이 거하실 처소가 되기 위하여
> 그리스도 예수 안에서 함께 지어져 가느니라
> _에베소서 2:22

앞의 말씀 속에는 놀랍게도 성삼위 하나님이 한꺼번에 다 등장하고 있습니다. 성삼위 하나님의 모든 관심이 우리가 하나님의 성전 된 존재로서의 삶을 살아야 한다는 것에 맞춰져 있는 것입니다. 이것을 위해 우리는 함께 지어져 가는 Oneness 공동체가 되어야 합니다.

종교개혁자들의 슬로건 중에 아드 폰테스(Ad Fontes)라는 말이 있습니다. 이 말은 '샘으로 돌아가자'라는 뜻인데 의역하면 '근원으로 돌아가자', '본질로 돌아가자'라는 의미입니다. 우리가 신앙생활을 하면서 힘들고 성장하지 못하는 것은 본질을 놓쳤기 때문입니다. 이스라엘 백성이 노예 되고, 포로 되고, 속국 되고, 유랑민이 된 이유가 바로 영적 본질을 놓쳤기 때문이었습니다. 그렇다면 영적 본질이 과연 무엇일까요? 바로 하나님 말씀입니다. 자기중심이 아니라 하나님의

말씀대로 하면 됩니다. 오직 그리스도, 오직 하나님 나라, 오직 성령 충만. 이 세 가지 오직으로 각인, 뿌리, 체질화되면 성장하지 말라고 해도 성장하게 되고, 영적 영향력을 입혀 나가게 되어있습니다. 그러면 비로소 여러분을 통해 생명이 살아나게 된다는 사실을 믿으시기 바랍니다.

'그대 내게 행복을 주는 사람'이라는 제목의 노래가 있습니다. 결혼식 축가로 많이 불리는데 그 가사가 참 아름답습니다.

내가 가는 길이 험하고 멀지라도 그대 함께 간다면 좋겠네
우리 가는 길에 아침 햇살 비치면 행복하다고 말해주겠네

이리저리 둘러봐도 제일 좋은 건 그대와 함께 있는 것
그대 내게 행복을 주는 사람

내가 가는 길이 험하고 멀지라도 그대 내게 행복을 주는 사람

때론 지루하고 외로운 길이라도 그대 함께 간다면 좋겠네
때론 즐거움에 웃음 짓는 나날이어서 행복하다고 말해주겠네

이리저리 둘러봐도 제일 좋은 건 그대와 함께 있는 것
그대 내게 행복을 주는 사람

우리는 서로에게 행복을 주는 사람이 되어야 합니다. 같이 있는 것이, 함께하는 것이 너무 좋아야 합니다. 그런데 이는 우리의 힘과 능력으로는 불가능합니다. 하지만 성삼위 하나님과 함께하면 가능해집니다. 모든 독자 여러분이 서로에게 행복을 주는 복음공동체의 축복을 누리게 되시기를 예수 그리스도 이름으로 축복합니다.

✦ 그리스도의 비밀을 맡은 자!

이러므로 그리스도 예수의 일로 너희 이방인을 위하여 갇힌 자 된 나 바울이 말하거니와 너희를 위하여 내게 주신 하나님의 그 은혜의 경륜을 너희가 들었을 터이라 곧 계시로 내게 비밀을 알게 하신 것은 내가 먼저 간단히 기록함과 같으니 그것을 읽으면 내가 그리스도의 비밀을 깨달은 것을 너희가 알 수 있으리라 이제 그의 거룩한 사도들과 선지자들에게 성령으로 나타내신 것 같이 다른 세대에서는 사람의 아들들에게 알리지 아니하셨으니 이는 이방인들이 복음으로 말미암아 그리스도 예수 안에서 함께 상속자가 되고 함께 지체가 되고 함께 약속에 참여하는 자가 됨이라 이 복음을 위하여 그의 능력이 역사하시는 대로 내게 주신 하나님의 은혜의 선물을 따라 내가 일꾼이 되었노라 모든 성도 중에 지극히 작은 자보다 더 작은 나에게 이 은혜를 주신 것은 측량할 수 없는 그리스도의 풍성함을 이방인에게 전하게 하시고 영원부터 만물을 창조하신 하나님 속에 감추어졌던 비밀의 경륜이 어떠한 것을 드러내게 하려 하심이라 이는 이제 교회로 말미암아 하늘에 있는 통치자들과 권세들에게 하나님의 각종 지혜를 알게 하려 하심이니 곧 영원부터 우리 주 그리스도 예수 안에서 예정하신 뜻대로 하신 것이라 우리가 그 안에서 그를 믿음으로 말미암아 담대함과 확신을 가지고 하나님께 나아감을 얻느니라 _에베소서 3:1~12

◆ 언약적 승부사

 이번 챕터의 제목은 '그리스도의 비밀을 맡은 자'입니다. 이는 우리가 가지고 있어야 할 영적 정체성 중의 하나인데 가만히 살펴보면 사실 굉장히 놀라운 표현입니다. 하나님께서 우리를 하나님 자녀로 삼아 주신 것을 넘어 그리스도의 비밀을 맡기셨다는 것은 보통 사건이 아닙니다. 여러분의 존재 가치가 그만큼 소중하다는 것을 말하기 때문입니다. 여러분, 하나님의 최고 관심이 언약 잡은 여러분에게 있다는 사실을 깨달아야 합니다.

 사도 바울은 이런 그리스도의 비밀을 맡은 자로서의 삶을 살았습니다. 하나님께서 위에서 부르신 부름의 상을 위하여 오직 그리스도만 바라보고 영적 전력 질주를 했습니다. 사도 바울은 에베소서 3장 1~12절 말씀을 통해 자신의 일평생 사역의 플랫폼이었던 그리스도의 비밀이 무엇인지 그 비밀을 맡은 자의 삶이 어떠해야 하는지 구체적으로 밝히고 있습니다. 모든 독자 여러분도 이번 챕터를 통해 '그리스도의 비밀을 맡은 자'라는 영적 정체성에 걸맞은 삶이 무엇인지 답을 얻으시길 바랍니다. 그럼으로써 사도 바울처럼 237나라 5천 종족 복음화라는 Heavenly Mission 실현을 위해 전력 질주 하는 언약적 승부사로 당당히 서게 되시길 바랍니다.

✦ 깨달아야 할 그리스도의 비밀

> 이러므로 그리스도 예수의 일로 너희 이방인을 위하여 갇힌 자 된 나 바울이 말하거니와 너희를 위하여 내게 주신 하나 님의 그 은혜의 경륜을 너희가 들었을 터이라 곧 계시로 내게 비밀을 알게 하신 것은 내가 먼저 간단히 기록함과 같으니 그것을 읽으면 내가 그리스도의 비밀을 깨달은 것을 너희가 알 수 있으리라 _에베소서 3:1~4

사도 바울은 앞의 하나님께서 자신에게 주신 은혜가 일차적 으로는 그리스도의 비밀을 깨닫게 하신 은혜라고 밝히고 있 습니다. 사도 바울이 계속해서 비밀이라는 단어를 언급하고 있는데 우선 이 비밀의 개념에 대해 정리를 해보아야 하겠습 니다. 우리가 일반적으로 말하는 비밀은 감추고 있는 것이 나 감추고 싶은 것을 말합니다. 하지만, 사도 바울이 말하고 있는 비밀은 이와는 차원이 다른 의미가 담겨있습니다. 앞의 성경 말씀에 나오는 '비밀'은 헬라어로 '무스테리온'이라고 하는데 영어로는 Secret(비밀)이 아니라 Mystery(신비)로 표현됩니다. 그래서 '비밀'보다는 '신비'라는 단어를 쓰면 더 쉽게 이해가 될 것입니다.

그렇다면 이 비밀이 무엇을 말하는 것일까요? 그 내용을 구체적으로 설명한 말씀이 에베소서 1장 4절과 10절 말씀입니다. 이 비밀은 하나님께서 창세전에 준비하셨습니다. 그리고 그 비밀의 핵심 내용은 하늘에 있는 것이나 땅에 있는 것이나 모두 다 그리스도 안에서 통일되게 하셨다는 사실입니다. 다시 말해 그리스도를 중심으로 하여 만물이 통일되고 질서를 잡는 것, 창세기 3장 사건으로 인해 완전히 타락하고 뒤죽박죽되어 있던 영적 상태가 예수 그리스도를 통해 원래 상태로 회복되게 하신 것이 바로 비밀의 핵심입니다.

신약학자 클린턴 아놀드 박사는 이 비밀에 대해 이렇게 정리했습니다. "사도 바울은 비밀이라는 말을 그리스도의 성육신과 십자가 사역을 통해 구원하시는 하나님의 뜻을 가리킬 때 사용했다." 또 영국의 청교도 신학자인 매튜 풀은 "비밀은 하나님께서 그리스도 안에서 이방인들을 부르셔서 율법의 행위가 아니라 믿음으로 구원받게 하실 것을 가리킨다."라고 말하기도 했습니다. 결국 그리스도의 비밀은 예수 그리스도를 통해 이루어지는 놀라운 구원의 여정을 가리키는 것이라 할 수 있습니다.

우리가 에베소서를 시작하면서 살펴보았던 Heavenly Blessing에서 예수 그리스도를 통해 이루어진 구원의 축복이 바로 이 비밀입니다. 그리고 사도 바울은 이것을 이루어 가시는 하나님의 모습을 가리켜 '하나님의 경륜'이라고 말했습니다. '경륜'이라는 말은 '어떤 포부를 가지고 일을 조직하고 계획하는 것'을 가리킵니다. 하나님의 경륜이라고 하면 하나님께서 구원의 계획을 가지고 이 세상을 어떻게 움직여나가시는가 하는 것을 말하는 것입니다. 바울은 이런 하나님의 경륜을 따라 하나님께서 계시를 주시어 이 비밀을 알게 하셨다고 말합니다.

'계시'는 '열어서 보여 주는 것'을 말합니다. 마치 닫혀있던 커튼을 열어 안에 있는 것을 보게 한다는 개념으로, 감추어져 있던 것이 드러나는 것을 뜻합니다. 이에 대해 사도 바울은 다음과 같이 고백하였습니다.

> 나의 복음과 예수 그리스도를 전파함은 영세 전부터 감추어
> 졌다가 이제는 나타내신 바 되었으며 영원하신 하나님의
> 명을 따라 선지자들의 글로 말미암아 모든 민족이 믿어
> 순종하게 하시려고 알게 하신 바 그 신비의 계시를 따라
> 된 것이니 _로마서 16:25~26

이처럼 그리스도의 비밀은 신비의 계시를 따라 된 것이기 때문에 인간의 이성이나 과학적인 방법을 통해 깨달을 수 있는 성질의 것이 아닙니다.

> 이제 그의 거룩한 사도들과 선지자들에게 성령으로
> 나타내신 것 같이 다른 세대에서는 사람의 아들들에게
> 알리지 아니하셨으니 이는 이방인들이 복음으로 말미암아
> 그리스도 예수 안에서 함께 상속자가 되고 함께 지체가
> 되고 함께 약속에 참여하는 자가 됨이라 _에베소서 3:5~6

사도 바울은 그리스도의 비밀을 깨닫게 된 것은 어떤 인간의 노력으로 인한 것이 아니라 성령의 나타나심으로 된 것임을 밝히고 있습니다. 성령께서 깨닫게 해 주셔야만 이해할 수 있기 때문에 사도 바울은 하나님의 은혜라는 표현을 구구절절 반복적으로 사용하고 있는 것입니다.

더구나 구약시대에는 이런 그리스도의 비밀이 이방인들에게는 완전히 나타나지 않았습니다. 그래서 "다른 세대에서는 사람의 아들들에게는 알리지 아니하셨다"고 사도 바울이 말하는 것입니다. 그런데 하나님의 경륜에 따라 이제는 이방인들도 그리스도 예수 안에서 함께 상속자가 되고, 함께 지체가 되고, 함께 약속에 참여하는 자가 될 수 있었던 것입니다. 예수 그리스도의 성육신과 십자가 대속, 부활을 통해 이방인 구원이 본격화되었으니 이것이 얼마나 큰 은혜냐고 사도 바울이 말하고 있는 것입니다.

이렇게 그리스도의 비밀을 깨달은 자의 삶에는 항상 은혜 의식과 감사 의식이 따라올 수밖에 없습니다. 그리스도의 비밀을 깨달은 사도 바울은 자신이 기록한 서신서에서 반복적으로 은혜와 감사를 고백했습니다.

내가 나 된 것은 하나님의 은혜로 된 것이니 내게 주신
그의 은혜가 헛되지 아니하여 내가 모든 사도보다 더 많이
수고하였으나 내가 한 것이 아니요 오직 나와 함께 하신
하나님의 은혜로라 _고린도전서 15:10

그러므로 너희가 그리스도 예수를 주로 받았으니

> 그 안에서 행하되 그 안에 뿌리를 박으며 세움을 받아
> 교훈을 받은 대로 믿음에 굳게 서서 감사함을 넘치게 하라
> _골로새서 2:6~7

 모든 것이 하나님의 은혜이기 때문에 감사함이 넘치는 삶을 살 수밖에 없다는 것입니다. 이처럼 신앙생활을 하면서 구원받은 은혜가 얼마나 큰지를 늘 놓치지 않는 것이 중요합니다. 그러기 위해서는 강단을 통해 선포되는 말씀을 깨닫는 것이 얼마나 큰 은혜인지를 알아야 합니다. 여러분 모두가 강단 말씀을 통해 언제나 새 힘을 얻고 영적으로 성장하게 되시기를 바랍니다.

◆ 드러내야 할 그리스도의 비밀

> 이 복음을 위하여 그의 능력이 역사하시는 대로 내게 주신
> 하나님의 은혜의 선물을 따라 내가 일꾼이 되었노라 모든
> 성도 중에 지극히 작은 자보다 더 작은 나에게 이 은혜를
> 주신 것은 측량할 수 없는 그리스도의 풍성함을 이방인에게
> 전하게 하시고 영원부터 만물을 창조하신 하나님 속에
> 감추어졌던 비밀의 경륜이 어떠한 것을 드러내게 하려
> 하심이라 _에베소서 3:7~9

사도 바울은 하나님께서 그리스도의 비밀을 깨닫게 하신 것만으로도 감사한데, 부족한 자신으로 하여금 그리스도의 비밀을 전하게 하는 은혜를 주셨다고 밝혔습니다. 자신을 복음의 일꾼으로 삼으신 것에 대해 깊이 감사하고 있는 것입니다. 이를 두고 유명한 주석학자 매튜 헨리는 "사도 바울은 그의 이름에 따라다니는 많은 타이틀 중에 '복음의 일꾼'이라는 칭호를 가장 영광스럽게 생각했을 것이다."라고 말했습니다.

사도 바울은 복음의 대적자였던 자신을 일순간에 변화시켜 복음의 일꾼으로, 이방인의 사도로 세워주신 하나님의 놀라운 은혜와 역사를 결코 잊을 수가 없었습니다. 그래서 그 놀라운 비밀을 드러내는 데 한시도 소홀할 수가 없었던 것입니다. 복음을 깨달은 여러분도 복음의 일꾼 된 자로서 그리스도의 비밀을 드러내는 삶을 가장 영광스럽고 가치 있게 생각하시기 바랍니다.

에베소서 3장 8절을 보면 사도 바울이 자신을 "모든 성도 중에 지극히 작은 자보다 더 작은 나"라고 밝히고 있습니다. 이 밖에도 바울이 쓴 서신서들을 보면 하나님의 은혜 앞에 서

있는 바울이 자신의 모습을 표현한 내용이 많이 나옵니다. 고린도전서 15장 9절에서는 "나는 사도 중에 가장 작은 자라 나는 하나님의 교회를 박해하였으므로 사도라 칭함 받기를 감당하지 못할 자니라"라고 밝히고 있으며 디모데전서 1장 15절에서는 "죄인 중에 내가 괴수니라"고까지 말하였습니다. 사도 바울이 이런 표현을 쓰고 있는 것은 단순한 겸손의 표현이 아닙니다. 하나님의 은혜가 얼마나 크고 풍성한지 시간이 흐를수록 더 깊이 체험하고 있다는 것을 뜻합니다.

 그러니 그가 어떻게 하면 그 은혜를 조금이라도 보답할 수 있는가를 생각해보았을 때 답은 하나였습니다. 자신이 체험한 그리스도의 비밀을 드러내는 삶을 통해서 측량할 수 없는 그리스도의 풍성함을 이방인에게 전하는 것이었습니다. 하나님 속에 감추어졌던 비밀의 경륜, 즉 인류 구원을 위한 하나님의 마스터플랜을 온 천하에 드러내는 삶을 사는 것이 바로 그것입니다. 우리에게 나타내 주신 그리스도의 비밀은 무슨 군사 비밀처럼 숨기는 것이 목적이 아닙니다. 어떻게 해서든 드러나지 못하게 하는 것이 아니라 어떻게 해서든 그리스도의 비밀을 드러내야 하는 것입니다.

이는 이제 교회로 말미암아 하늘에 있는 통치자들과 권세들
에게 하나님의 각종 지혜를 알게 하려 하심이니 곧 영원부
터 우리 주 그리스도 예수 안에서 예정하신 뜻대로 하신 것
이라 우리가 그 안에서 그를 믿음으로 말미암아 담대함과
확신을 가지고 하나님께 나아감을 얻느니라
_에베소서 3:10~12

사도 바울이 교회를 세우신 본질적 이유를 밝히고 있는 성
경 말씀입니다. 길게 표현하고 있지만, 간단히 요약하면 그
리스도의 비밀을 드러내는 현장이 바로 교회라는 것을 나타
내고 있습니다. 교회가 복음의 핵심을 전달하는 통로가 되어
야 하는 것입니다. 앞의 성경 말씀에서 독특한 부분이 있습
니다. 교회를 통해 하늘에 있는 통치자들과 권세들에게 하나
님의 각종 지혜를 알게 하신다는 것입니다. 이 말씀을 보면
하나님 속에 감추어졌던 비밀의 경륜은 하늘의 천사들도 몰
랐던 비밀이었습니다. 그런데 그 비밀을 교회를 통해 알게
하셨습니다. 그만큼 교회의 역할이 막중합니다. 쉽게 설명
하면 하나님의 구속사 성취라는 드라마의 주역을 교회가 맡
게 된다는 것입니다. 하늘에 있는 통치자들과 권세들, 다시
말해 천사들, 그리고 마귀와 귀신들까지도 그저 관객에 불과
하다는 것입니다. 이는 그만큼 교회의 존재감과 사명이 크고

놀랍다는 것을 나타냅니다.

여러분, 하나님께서는 여러분을 시대적 복음 운동의 주인공으로 부르셨다는 영적 의식을 가지시길 바랍니다. 이런 주인공 의식을 갖게 되면 여러분이 가는 모든 현장이 달라집니다. 여러분 중심으로 현장의 지형이 바뀌게 되어 있습니다. 그리스도를 체험하면 모든 현장을 살리게 되어 있습니다. 모든 독자 여러분이 이런 시대적 복음 운동의 플랫폼 역할을 하게 되시기를 바랍니다.

◆ 영적 시급성

탈무드에 이런 말이 있습니다. "세상에는 너무 많이 사용하면 안 되는 것이 세 가지 있다. 그것은 빵에 들어가는 이스트, 소금, 그리고 망설임이다." 빵을 만들 때 이스트를 너무 많이 넣으면 빵 고유의 맛을 잃고 소화불량을 일으킵니다. 음식에 소금을 너무 많이 넣으면 마찬가지로 음식 고유의 맛이 사라지고 짜기만 합니다. 이 중에 독특한 것은 망설임이라는 표현입니다. 망설임이 과하면 아예 시작도 할 수 없습니다.

 이는 영적으로도 마찬가지입니다. 아브라함이 갈대아 우르를 떠나라는 하나님의 말씀을 듣고 망설이고만 있었다면 믿음의 조상이 될 수 있었을까요? 에스더가 왕 앞에 나아가기를 망설이고만 있었다면, 자기 민족을 구하지 못했을 것입니다. 그리스도의 비밀을 맡은 자는 망설여서는 안 됩니다. 즉시 실행해야 합니다. 바로 사도 바울이 그랬습니다. 바울은 아나니아의 팀사역을 받은 즉시 현장에서 예수가 그리스도이심을 선포했습니다. 모든 독자 여러분이 그리스도의 비밀을 맡은 자로서 영적 시급성을 가지고 현장에서 그리스도의 비밀을 밝히 드러내는 제자가 되시기를 예수 그리스도의 이름으로 축복합니다.

✦ 기도의 Power!

이러므로 내가 하늘과 땅에 있는 각 족속에게 이름을
주신 아버지 앞에 무릎을 꿇고 비노니 그의 영광의
풍성함을 따라 그의 성령으로 말미암아 너희 속사람을
능력으로 강건하게 하시오며 믿음으로 말미암아
그리스도께서 너희 마음에 계시게 하시옵고 너희가
사랑 가운데서 뿌리가 박히고 터가 굳어져서 능히 모든
성도와 함께 지식에 넘치는 그리스도의 사랑을 알고 그
너비와 길이와 높이와 깊이가 어떠함을 깨달아 하나님
의 모든 충만하신 것으로 너희에게 충만하게 하시기를
구하노라 우리 가운데서 역사하시는 능력대로 우리가
구하거나 생각하는 모든 것에 더 넘치도록 능히 하실
이에게 교회 안에서와 그리스도 예수 안에서
영광이 대대로 영원무궁하기를 원하노라 아멘
_에베소서 3:14~21

✦ 기도 응답

에베소서의 말씀은 사도 바울이 일차적으로 에베소교회 성도들을 향해 쓴 편지입니다. 그런데 단순히 안부를 전하는 편지가 아니라 사도 바울이 정말 가슴을 담아 기도하는 심정으로 쓴 편지입니다. 그래서 에베소서에는 실제로 바울이 기도하는 내용이 기록되어 있습니다. 우리가 앞에서 살펴보았던 에베소서 1장 16~19절의 내용은 에베소교회 성도들에게 지혜와 계시의 영을 주어 하나님의 뜻과 계획을 분별할 수 있게 해달라는 기도였습니다. 그리고 이번 챕터의 내용인 에베소서 3장 14~21절에는 에베소교회 성도들을 위한 중보기도가 나옵니다.

이렇듯 사도 바울의 서신서를 보면 기도에 대한 메시지가 많이 나옵니다. 사도 바울은 이번 챕터 제목처럼 '기도의 Power'를 사실적으로 체험했기 때문에 기도해야 한다는 사실을 강조하고 있는 것입니다. 사실 기도는 구원받은 하나님 자녀의 영적 호흡입니다. 예수님께서도 이 땅에 오셔서 기도의 모범을 보여주셨습니다.

기도가 끊기면 영적으로는 뇌사 상태로 사는 것이나 다름없습니다.

육신적인 생명은 붙어있지만 생명적 역동을 일으키는 삶을 살지 못하게 됩니다. 영적으로 활력이 있는지 없는지는 자신이 기도하고 있는지 아닌지를 보면 알 수 있습니다.

여러분, 기도는 영적 과학입니다. 과학은 원인과 결과가 분명합니다. 기도 역시 마찬가지입니다. 기도하면 응답이 임하게 되어 있습니다.

기도 응답은 'Yes', 'No', 'Wait'의 세 가지로 나타납니다. 하나님의 뜻과 시간표에 맞는 기도는 Yes로 즉시 응답됩니다. 하지만 하나님의 뜻과 계획과 다르게 기도하고 있다면 No라는 응답이 임합니다.

예수님께서는 제자들에게 기도를 가르치시면서 다음과 같이 말씀하셨습니다.

너희 중에 아버지 된 자로서 누가 아들이 생선을 달라
하는데 생선 대신에 뱀을 주며 알을 달라 하는데 전갈을
주겠느냐 너희가 악할지라도 좋은 것을 자식에게 줄 줄
알거든 하물며 너희 하늘 아버지께서 구하는 자에게 성령을
주시지 않겠느냐 하시니라 _누가복음 11:11~13

하나님께서는 자녀 된 자에게 최고의 것으로 응답을 주십니다. 자녀가 잘못된 것을 구하는데 그것을 주는 부모는 없습니다. 그렇기 때문에 우리는 기도하면서 절대 착각하지 말아야 합니다. 기도했는데도 원하는 대로 되지 않는다고 해서 응답이 없는 것으로 여겨서는 안 됩니다. 기도한 다음에는 차분히 묵상하는 시간이 필요합니다. 하나님의 음성은 깊은 묵상 가운데 임하기 때문입니다. 기도하고 묵상할 때 하나님께서 마음과 생각 속에 깨달음을 주십니다.

세 번째로 주시는 응답은 Wait입니다. 하나님의 시간표가 되지 않았으니 좀 기다리라는 것입니다. 대표적인 것을 예로 들면 가문복음화입니다. 사도행전 16장 31절을 보면 가문복음화는 반드시 이루어지게 되어 있다는 사실이 기록되어 있습니다. 그런데 이 응답이 정말 더디게 오는 경우가 많습니다. 그래서 포기하고 기도의 끈을 놓고 맙니다. 이것은 정말

속는 것입니다. 사도 바울은 쉬지 말고 기도하라고 강조했습니다. 기도는 하다가 끊어 버리거나, 기분 내키는 대로 하는 그런 성질의 것이 아닙니다. 성삼위 하나님과 소통하는 기도는 삶 속에서 늘 지속 되어야 합니다. 그렇게 될 때 비로소 하나님의 영역을 체험하게 됩니다.

「천로역정」을 쓴 존 번연은 기도에 대해서 "기도는 하나님께서 약속하신 것들을 성령의 힘과 도우심 안에서, 그리스도를 통해 하나님께 드리는 영혼의 진실하고도 애정 어린 호소이다."라고 고백했습니다. 기도가 성삼위 하나님과 소통하는 것이고, 성삼위 하나님의 역사하심을 체험하는 것임을 일목요연하게 밝히고 있는 고백입니다. 기도는 우리 인생의 최고 배경, 절대 배경이신 성삼위 하나님의 권능을 체험하는 통로라는 사실을 반드시 깨달으시기 바랍니다.

◆ 속사람의 강건

> 이러므로 내가 하늘과 땅에 있는 각 족속에게 이름을 주신
> 아버지 앞에 무릎을 꿇고 비노니 _에베소서 3:14~15

에베소교회 성도들을 위한 사도 바울의 기도를 보면, 무엇보다 중요한 것이 기도의 대상임을 먼저 강조하고 있습니다. 바울은 우리가 드려야 할 기도의 대상은 유일하신 창조주 하나님이심을 밝혔습니다. 하늘과 땅에 있는 각 족속에게 이름을 주셨다는 것은 하나님께서 모든 족속을 만드신 창조자이심을 가리키는 말입니다. 이는 하나님께서 모든 것의 근원이시며 지금도 우주 만물을 통치하고 계신다는 뜻입니다. 그 창조주 하나님이 바로 우리의 아버지이시기 때문에 우리는 그 아버지께 기도해야 합니다. 창세기 3장에서 발생한 첫 사람 아담의 범죄로 끊어졌던 하나님과의 원래 관계가 예수 그리스도를 통해 회복되었고 이제는 당당히 하나님의 자녀로서 하나님 앞에 기도할 수 있는 특권이 주어진 것입니다.

사실 세상의 거의 모든 종교가 기도를 합니다. 그런데 중요한 핵심은 기도를 통해서 성령이 역사하느냐, 악령이 역사하느냐입니다. 세상 종교와 무속인들이 하는 기도도 응답이 됩니다. 그런데 결정적인 문제는 성령이 아니라 악령이 역사한다는 사실입니다. 다음 성경 말씀을 보면 악령의 우두머리인 마귀의 정체에 대해 밝혀 주고 있습니다.

> 그는 처음부터 살인한 자요 진리가 그 속에 없으므로 진리
> 에 서지 못하고 거짓을 말할 때마다 제 것으로 말하나니
> 이는 그가 거짓말쟁이요 거짓의 아비가 되었음이라
> _요한복음 8:44

마귀는 거짓 답을 주는 존재입니다. 그러니 그 결말은 어떻
겠습니까? 다음 성경 말씀에 그 답이 나옵니다.

> 도둑이 오는 것은 도둑질하고 죽이고 멸망시키려는
> 것뿐이요 내가 온 것은 양으로 생명을 얻게 하고 더 풍성히
> 얻게 하려는 것이라 _요한복음 10:10

그 기도의 끝은 멸망이요, 패망입니다. 결정적으로 심각한
것은 영원한 저주 문제에서 결코 빠져나올 수 없다는 것입니
다. 기도가 다 같은 기도가 아니라는 사실을 깨달아야 합니
다. 여러분은 기도의 대상을 분명히 하고 기도하시기 바랍니
다.

> 그의 영광의 풍성함을 따라 그의 성령으로 말미암아
> 너희 속사람을 능력으로 강건하게 하시오며
> _에베소서 3:16

바울은 무엇보다 속사람이 강건하게 되는 것을 위해 기도하는 것이 중요함을 강조하고 있습니다. 속사람은 성경에서 바울 서신에만 나오는 단어인데 겉사람과 대조되는 의미로 사용됩니다. 고린도후서 4장 16절에 보면 "우리가 낙심하지 아니하노니 우리의 겉사람은 낡아지나 우리의 속사람은 날로 새로워지도다"라고 되어 있습니다. 겉사람이 육신이라면, 속사람은 영혼입니다. 우리가 사는 이 시대는 대부분의 사람들이 무엇을 먹을까, 무엇을 마실까, 무엇을 입을까에 최고의 관심을 가지고 살아가는 겉사람을 강조하는 시대입니다. 육신의 건강에는 관심이 많지만, 영혼의 건강에는 관심이 많지 않습니다. 육신을 치장하는 데에는 관심을 두지만, 영혼을 가꾸는 데는 관심을 두지 않습니다. 독자 여러분, 우리는 겉치장이 아니라 속치장을 먼저 잘해야 합니다. 그래서 사도 요한은 다음과 같이 강조했습니다.

사랑하는 자여 네 영혼이 잘됨 같이 네가 범사에 잘되고
강건하기를 내가 간구하노라 _요한3서 1:2

속사람인 영혼이 강건하면 환경과 상황을 초월할 수 있게 됩니다. 바울은 속사람이 어떻게 강건하게 되는지 그 비밀에

대해 다음과 같이 이야기하였습니다.

> 그의 성령으로 말미암아 너희 속사람을 능력으로 강건하게
> 하시오며 _에베소서 3:16

 바로 성령의 능력으로 우리의 속사람이 강건해진다는 것입니다. 이를 쉽게 표현하면 성령 충만을 말하는 것입니다. 우리의 속사람이 성령으로 충만할 때 최고의 강건 상태가 됩니다. 그렇기 때문에 중요한 것이 성령 충만을 위한 기도입니다. 성령 충만은 막연한 것이 아닙니다. 성령 충만이란 말씀으로 충만한 상태를 일컫습니다. 강단에서 선포되는 말씀을 붙잡는 것이 최우선순위가 되어야 하고 이를 위해 강단의 말씀을 붙잡는 언약 기도가 중요한 것입니다. 예수님께서는 언약 기도의 중요성에 대해 다음과 같이 말씀하셨습니다.

> 너희가 내 안에 거하고 내 말이 너희 안에 거하면
> 무엇이든지 원하는 대로 구하라 그리하면 이루리라
> _요한복음 15:7

 너희가 내 안에 거하고 내 말이 너희 안에 거한다는 것은 말씀 붙잡은 언약 기도의 삶을 말합니다. 말씀이 우리 안에 각

인, 뿌리, 체질화되는 것이 바로 언약 기도입니다. 그렇게 되면 끊임없이 오는 문제와 사건 속에서 흔들리지 않습니다. 폭풍 속에서 오히려 그 바람의 힘을 이용해 비상하는 독수리처럼 차원이 다른 삶을 살게 됩니다.

◆ 하나님의 충만

> 믿음으로 말미암아 그리스도께서 너희 마음에 계시게 하시옵고 너희가 사랑 가운데서 뿌리가 박히고 터가 굳어져서 능히 모든 성도와 함께 지식에 넘치는 그리스도의 사랑을 알고 그 너비와 길이와 높이와 깊이가 어떠함을 깨달아 하나님의 모든 충만하신 것으로 너희에게 충만하게 하시기를 구하노라 _에베소서 3:17~19

사도 바울은 속사람의 강건을 위해 기도하는 것이 중요하다는 것을 언급한 이후 하나님의 모든 충만하신 것으로 충만한 삶을 위해 기도하고 있다는 사실을 밝히고 있습니다. 그렇다면 어떻게 하는 것이 하나님의 모든 충만으로 충만해지는 것일까요? 그 첫 단계는 바로 그리스도께서 우리 마음에 계시는 것에서부터 시작됩니다. "믿음으로 말미암아 그리스도께서 너희 마음에 계시게 하시옵고"라는 말씀은 예수 그리스도를 영접한 순간 그분이 내 안에 거하신다는 의미보다 더 큰 의미가 담겨있습니다. 여기서 '계시다'라는 말은 헬라어로 '카토이케오'라고 하는데 이는 '온전히 전체를 다 소유하다', '주인이 되어 거하다'라는 뜻을 가지고 있습니다. 그렇기 때문에 예수 그리스도를 믿더라도 자기자신이 인생의 주인이 되어 있는 사람은 충만한 삶을 살 수 없습니다. 이런 사람을 육신적인 삶을 사는 자, 육에 속한 자라고 합니다. 우리는 육에 속한 자가 아니라 영에 속한 자, 예수 그리스도께서 온전히 내 인생을 주장하는 삶을 살아야 할 것입니다.

사도 바울은 우리의 기도가 그리스도의 사랑의 너비와 길이와 높이와 깊이를 사실적으로 깨닫는 것, 다시 말해서 그리스도로 뿌리내리고, 각인되고, 체질화되는 그리스도로 충만한 삶에 초점을 맞추어야 한다고 밝히고 있습니다. 이것이 하나님의 충만입니다.

여기서 그리스도의 사랑의 너비는 차별이 없는 사랑, 모두를 품는 사랑을 말합니다. 유대인이나 이방인이나 누구든지 그리스도 안에만 있으면 된다는 복음의 수용성을 의미하니다. 누구든지 복음의 눈으로 품을 수 있는 영적 그릇으로 기도 가운데 변화가 되어야 하는 것입니다.

그리스도의 사랑의 길이는 창세전부터 영원까지 지속되는 사랑입니다. 이것은 복음의 영원성을 의미합니다. 히브리서 13장 8절을 보면 "예수 그리스도는 어제나 오늘이나 영원토록 동일하시니라"고 밝히고 있습니다. 그리스도의 사랑은 항상 동일하고 끊임없이 계속되는 사랑입니다. 그래서 우리를 창세전에 택하시고 영원토록 유지하시는 그 변함없는 사랑에 우리는 감사해야 합니다. 그 어떤 것도 우리를 그리스도의 사랑에서 끊을 수 없기 때문입니다.

그리스도의 사랑의 높이는 무엇일까요? 영원한 멸망 길로 갈 수밖에 없는 우리를 건지셔서 영원한 생명을 주신 것만도 감사한데 거기에 더해 우리를 하나님 보좌 우편에 임하게 하실 정도로 높이시는 사랑입니다.

그리고 그리스도의 사랑의 깊이는 우리를 위해 하늘 보좌를 버리시고 종의 형체를 가지사 사람과 같이 되신 깊은 사랑입니다. 그래서 하늘을 두루마리 삼고, 바다를 먹물 삼아도 그 사랑을 다 기록할 수 없다고 고백하는 것입니다. 우리는 정말 예수 그리스도를 통해 나타난 그 사랑의 스케일을 체험할 수 있어야 합니다. 사도 바울이 고백한 바와 같이 기도 가운데 있어야 이 사랑의 스케일을 체험할 수 있습니다.

여기에 더해 한 가지가 더 있습니다. 그리스도의 사랑의 스케일은 우리가 현장을 회복할 때 체험하게 되어 있다는 사실입니다. 존 스타트 목사는 "그리스도의 사랑은 모든 인류를 포함할 정도로 충분히 넓고, 영원토록 계속될 만큼 충분히 길며, 가장 타락한 죄인에게도 도달할 수 있을 정도로 충분히 깊으며, 그를 하늘로 올릴 만큼 충분히 높다."라고 말했습니다. 여러분, 그리스도의 사랑으로 못 건질 죄인은 없습니다. 우리가 그리스도의 사랑으로 충만하면 생명을 살릴 수 있게 됩니다.

◆ 기도해야 될 이유

우리 가운데서 역사하시는 능력대로 우리가 구하거나 생각하는 모든 것에 더 넘치도록 능히 하실 이에게 교회 안에서와 그리스도 예수 안에서 영광이 대대로 영원무궁하기를

원하노라 아멘 _에베소서 3:20~21

사도 바울은 우리가 기도해야 될 이유를 밝히면서 에베소서 3장을 마무리하고 있습니다. 무엇보다 하나님은 우리가 구하거나 생각하는 모든 것에 더 넘치도록 주시는 분이심을 강조하였습니다. 넘치도록 주시는 하나님께 구하라는 것입니다. 사도 바울은 다음의 말씀을 통해서도 이 사실을 강조하며 반문했습니다.

> 자기 아들을 아끼지 아니하시고 우리 모든 사람을 위하여
> 내주신 이가 어찌 그 아들과 함께 모든 것을 우리에게
> 주시지 아니하겠느냐 _로마서 8:32

하나님의 스케일을 과소평가하지 말라는 것입니다. 그런데 이 하나님의 스케일을 과소평가하는 사람들이 많습니다. 기도하기만 하면 넘치도록 주실 텐데 그것을 믿지 못하고 기도하지 않는 것입니다. 우리는 이렇게 하나님을 과소평가하여 은혜와 축복을 누리지 못하는 어리석은 사람이 되지 말아야 합니다.

기도의 사람으로 유명한 앤드류 머레이 목사는 "하나님의
자녀는 기도로 모든 것을 정복할 수 있다. 사탄이 성도에게
서 이 무기를 빼앗거나 그것의 사용을 제지하려고 최선을 다
하는 것은 이상한 일이 아니다."라며 기도에 대해 강조했습
니다. 우리는 속지 말아야 합니다. 복음을 아는 사람은 기
도를 알게 되고, 기도를 아는 사람은 세상을 변화시키게 되
어 있습니다. 여러분이 기도할 때 하늘 보좌가 움직입니다.
기도로 보좌의 축복 누릴 때, 오직, 유일성, 재창조의 응답
이 임하게 되는 것입니다. 모든 독자 여러분이 이런 기도의
Power를 체험하며 은혜가 넘치는 신앙생활을 해 나가게 되
시기를 예수 그리스도의 이름으로 축복합니다.

✦ 부르심에 합당한 언약 공동체!

그러므로 주 안에서 갇힌 내가 너희를 권하노니 너희가
부르심을 받은 일에 합당하게 행하여 모든 겸손과 온유
로 하고 오래 참음으로 사랑 가운데서 서로 용납하고 평
안의 매는 줄로 성령이 하나 되게 하신 것을 힘써 지키
라 몸이 하나요 성령도 한 분이시니 이와 같이 너희가
부르심의 한 소망 안에서 부르심을 받았느니라 주도 한
분이시요 믿음도 하나요 세례도 하나요 하나님도 한 분
이시니 곧 만유의 아버지시라 만유 위에 계시고 만유를
통일하시고 만유 가운데 계시도다

_에베소서 4:1~6

◆ 영적 진리의 실천

 에베소서는 크게 두 부분으로 나눌 수 있습니다. 1~3장은 영적 진리를 밝히고 있고 4~6장은 그 영적 진리를 삶에 구체적으로 적용하여야 한다는 사실을 말씀하고 있습니다. 에베소서 4장은 이런 영적 진리의 실천편이 시작되는 말씀입니다. 사도 바울은 이 말씀을 통해 우리가 부르심에 합당한 삶을 살아야 한다는 것을 이야기합니다. 특히나 교회는 이번 챕터의 제목처럼 '부르심에 합당한 언약 공동체'가 되어야 한다는 사실을 강조하였습니다.

 사도 바울은 에베소서 3장까지의 말씀에서 성삼위 하나님께서 우리에게 주신 Heavenly Blessing이 얼마나 크고 놀라운지에 대해 강조한 바 있습니다. 바울은 이런 축복을 우리만 가지고 있어서는 안 된다고 말합니다. 교회와 하나님의 성전 된 우리가 이런 축복 전달의 산실이 되어야 한다는 것입니다. 이를 위해 언약 공동체인 교회 안에서 우리 한 사람 한 사람이 어떤 영적 의식을 가지고 있어야 하는지를 구체적으로 밝히고 있습니다. 독자 여러분이 이번 챕터 말씀을 통해 하나님의 부르심에 합당한 삶을 어떻게 사는지에 대한 답을 얻게 되시기를 바랍니다.

◆ Oneness 의식

> 그러므로 주 안에서 갇힌 내가 너희를 권하노니 너희가
> 부르심을 받은 일에 합당하게 행하여 _에베소서 4:1

사도 바울의 서신서에서는 '그러므로'라는 표현을 중요하게 보아야 합니다. 앞의 성경 말씀의 '그러므로'는 에베소서 1장부터 3장까지의 말씀 전체를 받는 표현입니다. 사도 바울은 3장까지의 말씀을 통해 하늘에 속한 신령한 복, Heavenly Blessing을 강조했습니다. 성부 하나님의 계획과 성자 예수님의 실행, 성령 하나님의 적용을 통해 하나님의 자녀가 된 우리의 신분과 권세에 대해 설명하였습니다. 그리고 이런 신분과 권세를 바탕으로 하늘에 있는 것이나 땅에 있는 것이 그리스도 안에서 통일되게 하는 언약적 도전, 237나라 5천 종족 복음화가 바로 우리에게 주어진 본질적 미션임을 밝혔습니다. 이를 위해 우리의 속사람이 강건해야 하고, 우리가 그리스도 예수의 그 놀라운 사랑의 너비와 길이와 높이와 깊

이를 충만히 체험해야만 한다는 사실을 알 수 있었습니다.

그러고 나서 사도 바울은 우리에게 주신 본질적 미션 실현을 위해 어떤 삶을 살아야 하는지 구체적인 실천 강령을 주고 있습니다. 무엇보다 우리가 우리의 하나님의 특별한 부르심을 받았다는 천명, 소명, 사명 의식이 분명해야 함을 이야기하였습니다. 앞의 성경 말씀에 나오는 '합당하게'라는 말은 헬라어로 '악시오스'라고 하는데, '가치 있게', '어울리게'라는 의미가 있습니다. 이는 하나님의 자녀는 하나님께서 부르신 뜻인 생명 살리는 일에 맞춰 가장 어울리고 가치 있는 삶을 살아야 한다는 것을 말합니다. 그러면 어떻게 해야 이런 삶을 살 수 있게 될까요?

> 모든 겸손과 온유로 하고 오래 참음으로 사랑 가운데서
> 서로 용납하고 평안의 매는 줄로 성령이 하나 되게 하신
> 것을 힘써 지키라 _에베소서 4:2~3

"성령이 하나 되게 하신 것을 힘써 지키라"는 말씀 속에는 누군가 성령이 하나 되게 하신 것을 깨뜨리는 존재가 있다는 사실이 담겨 있습니다. 그 존재가 바로 사탄 혹은 마귀라

고도 하는 영적 존재입니다. 마귀의 뜻은 이간자입니다. 마귀는 어떻게 해서든지 하나님과 우리 사이를 이간시킵니다. 하나님 자녀 된 우리를 이간시키는 것이 마귀의 주 사역입니다. 교회 안에 이런 사탄 심부름하는 자가 있다는 사실을 보아야 합니다. 교회의 부흥을 방해하고, 성도 사이를 이간시키는 이가 있습니다. 우리가 영적으로 하나가 되어야만 이런 사탄의 공격을 무력화 시킬 수 있습니다.

사도 바울은 앞의 성경 말씀을 통해 이런 사탄의 공격에 속지 않고 Oneness를 이루어가는 중요한 영적 비결에 대해서 언급하고 있습니다. 그 첫째가 겸손할 때 Oneness 될 수 있다는 것입니다. 겸손은 하나님 앞에서 자신을 낮추고, 하나님의 언약 아래, 말씀 아래 절대 순종하는 것을 말합니다. 그런데 사탄이 이것을 하지 못하게 계속해서 방해합니다. 하나님 음성을 듣지 못하게 하고 세상과 사람 소리만 들리게 만듭니다. 그래서 창세기 3장의 자기중심, 6장의 물질 중심, 11장의 세상 성공 중심의 삶 속에 빠지게 합니다. 그러면 어떻게 될까요? 결국 바벨탑이 무너지는 것과 같이 모든 삶이 무너지게 됩니다. 우리는 오직 그리스도, 오직 하나님 나라, 오직 성령 충만 상태가 각인 뿌리 체질화되어야 합니다. 이것이 바로 진정한 영적 겸손입니다. 이렇게 될 때 가정과 교회는 Oneness의 축복을 누릴 수 있게 됩니다.

둘째는 온유입니다. 온유함을 자칫 잘못 생각하여 힘이 없고 무기력한 상태라고 여기는 경우가 있습니다. 하지만 오히려 그 반대입니다. 원어적으로 보면 온유란 '야생마가 길들여진 상태'를 가리킵니다. 힘이 있지만, 그 힘을 함부로 사용하지 않고 절제하고 조절할 줄 아는 사람을 온유한 사람이라고 하는 것입니다. 그래서 온유는 다른 사람과 화평을 이루는 삶을 살 수 있게 이끕니다.

셋째는 오래 참음입니다. 이것은 창세기 3장 사건을 통해 하나님의 말씀에 불순종하여 죄인으로 전락한 인간을 대하시는 하나님의 성품인 동시에 그리스도인들이 타인과의 관계에서 나타내야 할 성령의 열매입니다. 하나님께서는 우리의 잘못에 대해 바로 심판하지 않으시고 우리가 다시 돌아오도록 오래 참고 기다리셨습니다. 그렇듯 우리도 다른 사람이 변화될 때까지 오래 참을 수 있어야 합니다.

마지막 넷째는 사랑 가운데서 서로 용납하는 것입니다. 용납은 마음속까지 받아들이는 것을 말합니다. 그래서 용납이라는 것은 오래 참음보다 더 확장된 의미가 있습니다. 오래참음이 수동적이라면 용납에는 능동적이며 적극적인 의미가담겨 있습니다. 단순히 오래 참기만 하지 말고 예수 그리스도의 사랑으로 용서하고 용납해서 문제를 깨끗이 해결하라는 것을 말합니다. 우리는 이러한 성령의 열매를 삶 속에서맺어가면서 완전한 Oneness 공동체를 이루어야 합니다.

독일의 신학자 폴 틸리히가 미국에서 대학교수로 활동할 때의 이야기입니다. 학교에서 그가 강의를 할 때면 학생들이자꾸만 웃음을 터뜨렸다고 합니다. 그는 교수라는 자존심 때문에 학생들이 왜 웃는지 차마 이유를 묻지는 못하고 우울증이 찾아올 정도로 심각한 고민에 빠져있었습니다. 그런데 그의 이런 사정을 알게 된 한 학생이 보낸 카드로 인해 그는 고민을 완전히 해소할 수 있었습니다. 학생이 보낸 카드에는이렇게 쓰여 있었다고 합니다.

"교수님! 학생들이 웃는 건 교수님의 독일식 발음 때문이지강의 내용 때문이 아닙니다. 교수님의 강의는 무척 훌륭합니다. 우리는 다 교수님을 사랑합니다. 힘내세요, 교수님!"

이 위로 카드가 폴 틸리히를 다시 일으켜 세웠습니다. 나중에 폴 틸리히는 "우리에게는 주님의 위로가 정말 필요하지만, 주님을 믿는 사람의 위로도 필요하다."라고 고백했습니다. 여러분, 우리는 서로가 서로를 세우는 존재가 되어야 합니다. 그럼으로써 그리스도 예수 안에서 완전한 Oneness 의식을 가지고 영적 성장을 이루어 가야 할 것입니다.

◆ 한 소망 의식

> 몸이 하나요 성령도 한 분이시니 이와 같이 너희가 부르심
> 의 한 소망 안에서 부르심을 받았느니라 주도 한 분이시요
> 믿음도 하나요 세례도 하나요 하나님도 한 분이시니
> 곧 만유의 아버지시라 만유 위에 계시고 만유를 통일하시고
> 만유 가운데 계시도다 _에베소서 4:4~6

사도 바울은 성령이 하나 되게 하신 것을 힘써 지켜야 한다고 강조한 후에 이렇게 하나 됨을 지켜야 하는 다양한 이유에 대해 밝히고 있습니다. 우선 우리가 하나님의 자녀로 부르심을 받을 때 하나의 몸으로 부르심을 받았다고 말합니다. 앞의 성경 말씀에서의 몸은 교회를 가리킵니다. 예수 그리스

도가 교회의 머리요 우리는 그 머리에 붙어있는 지체이기 때문에 몸이 하나라는 것입니다. 사실 머리와 몸도 분리될 수 없지만, 몸의 각 지체들도 서로 분리되면 그 어떤 지체도 온전할 수가 없습니다. 결과적으로 몸은 절대적인 하나 됨을 요구하고 있는 것입니다.

그리고 우리를 한 몸으로 만드신 분은 성령 하나님이십니다. 우리를 한 몸 되게 하신 성령님도 한 분이시고 동일한 성령님께서 우리 개개인에게 내주하고 계시기 때문에 우리가 하나로 사는 것이 당연합니다. 앞의 성경 말씀에서 "주도 한 분이시요 믿음도 하나요 세례도 하나요 하나님도 한 분이시니"라고 말씀하고 있듯이 우리는 각기 다른 모습을 하고 있지만, 우리 인생의 주인은 예수 그리스도로 동일합니다. 우리는 예수 그리스도를 믿는 한 믿음으로 구원받고 세례를 받았으며 한 하나님을 섬기고 예배드립니다. 그래서 하나입니다.

이렇게 하나 됨을 이룬 우리는 이제 한 가지 방향을 가지고 인생을 살아나가야 합니다. 그것은 부르심의 한 소망을 향한 삶입니다. 앞의 성경 말씀을 보면, "너희가 부르심의 한 소망 안에서 부르심을 받았느니라"라고 밝히고 있습니다. 여기에 교회의 본질적 미션이 담겨 있습니다. 우리가 한 소망 의식을 가지고 교회의 역할을 감당해 나가야 한다는 것입니다. 앞의 성경 말씀에서의 소망은 장차 종말론적으로 완성될 구원을 가리킵니다. 우리에게 주어질 영광스러운 천국 소망을 가지고 우리 모두가 함께 237나라 5천 종족 복음화라는 언약적 도전을 해야 한다는 것입니다. 이 언약적 도전이 바로 하나님께서 우리에게 주신 본질적 미션입니다. 우리는 이 본질적 미션 실현을 위해 한 소망 의식을 가지고 언약적 도전을 해 나가야 합니다.

◆ 빠삐용 신앙

'빠삐용 신앙'이라는 말이 있습니다. 빠삐용은 프랑스어로 '나비'라는 뜻인데, 우리에게는 스티브 맥퀸과 더스틴 호프만이 열연한 명작 영화 제목으로 잘 알려져 있습니다. 그런데 빠삐용 신앙은 이것과는 좀 다릅니다. 빠삐용 신앙이란 예배에 '빠'지지 말고, '삐'치지 말고, 모든 사람을 '용'서하는 신앙입니다. 예배에 빠지지 않고 예배를 통해 은혜를 받으면 누군가에게 삐칠 수가 없고, 다른 사람을 용서하고 살릴 수 있는 사람이 됩니다. 이것이 빠삐용 신앙이고, 이렇게 될 때 우리가 부르심에 합당한 삶을 살 수 있는 영적 파워를 얻게 되는 것입니다.

서로 돌아보아 사랑과 선행을 격려하며 모이기를 폐하는
어떤 사람들의 습관과 같이 하지 말고 오직 권하여 그 날이
가까움을 볼수록 더욱 그리하자 _히브리서 10:24~25

독자 여러분, 서로에게 힘을 주는 절대 복음 체질이 되시길 바랍니다. 이를 통해 여러분 모두가 복음 안에서 서로를 격려하고 위로하여 세워 주는 Oneness 공동체를 이루어 나가시기를 예수 그리스도의 이름으로 축복합니다.

✦ 오직 그리스도 공동체!

우리 각 사람에게 그리스도의 선물의 분량대로 은혜를 주셨나니 그러므로 이르기를 그가 위로 올라가실 때에 사로잡혔던 자들을 사로잡으시고 사람들에게 선물을 주셨다 하였도다 올라가셨다 하였은즉 땅 아래 낮은 곳으로 내리셨던 것이 아니면 무엇이냐 내리셨던 그가 곧 모든 하늘 위에 오르신 자니 이는 만물을 충만하게 하려 하심이라 그가 어떤 사람은 사도로, 어떤 사람은 선지자로, 어떤 사람은 복음 전하는 자로, 어떤 사람은 목사와 교사로 삼으셨으니 이는 성도를 온전하게 하여 봉사의 일을 하게 하며 그리스도의 몸을 세우려 하심이라 우리가 다 하나님의 아들을 믿는 것과 아는 일에 하나가 되어 온전한 사람을 이루어 그리스도의 장성한 분량이 충만한 데까지 이르리니 이는 우리가 이제부터 어린 아이가 되지 아니하여 사람의 속임수와 간사한 유혹에 빠져 온갖 교훈의 풍조에 밀려 요동하지 않게 하려 함이라 오직 사랑 안에서 참된 것을 하여 범사에 그에게까지 자랄지라 그는 머리니 곧 그리스도라 그에게서 온 몸이 각 마디를 통하여 도움을 받음으로 연결되고 결합되어 각 지체의 분량대로 역사하여 그 몸을 자라게 하며 사랑 안에서 스스로 세우느니라

_에베소서 4:7~16

◆ 오직 그리스도

에베소서 4장은 사도 바울이 말하는 영적 진리의 실천편에 해당합니다. 바울은 이 4장의 말씀을 시작하면서 하나님께서 우리를 237나라와 5천 종족 복음화를 위해 특별히 부르셨다는 사실을 이야기하였습니다. 그리고 그러한 천명, 소명, 사명 의식을 가지고 성령이 하나 되게 하신 것을 힘써 지키라는 메시지를 주었습니다. Oneness 의식, 한 소망 의식을 가지고 우리를 부르신 부르심에 합당한 삶을 사는 언약 공동체가 되어야 한다는 것입니다.

그리고 이어서 오직 그리스도를 바라보며 범사에 그에게까지 자라야 한다고 말씀하고 있습니다. 사탄은 어떻게 해서든 우리의 삶 속에 오직이 되지 못하도록 공격합니다. 하나님의 생각에 집중하지 못하도록 만들고 다른 것, 틀린 것, 망할 것에 생각을 집중하게 만드는 것입니다. 창세기 3장, 6장, 11장의 인생 서론에 집중하도록 우리를 속입니다. 우리는 이런 사탄의 공격에 당하지 말아야 합니다. 그래야만 믿음이 성장하고 범사에 그리스도에게까지 자라갈 수 있게 되는 것입니다.

◆ 그리스도의 몸을 세우는 공동체

우리 각 사람에게 그리스도의 선물의 분량대로 은혜를
주셨나니 그러므로 이르기를 그가 위로 올라가실 때에
사로잡혔던 자들을 사로잡으시고 사람들에게 선물을
주셨다 하였도다 올라가셨다 하였은즉 땅 아래 낮은 곳으로
내리셨던 것이 아니면 무엇이냐 내리셨던 그가 곧 모든
하늘 위에 오르신 자니 이는 만물을 충만하게 하려
하심이라 _에베소서 4:7~10

앞의 성경 말씀은 언뜻 보아서는 그 의미를 파악하기 쉽지
않습니다. 이 말씀을 한마디로 요약하여 보자면, 예수 그리
스도께서 구원받은 하나님의 자녀에게 각각 다른 은사를 주
셨다는 것입니다. 7절에 언급하고 있는 "그리스도의 선물의
분량대로 은혜를 주셨다"는 것이 바로 우리에게 은사를 주셨
다는 의미입니다. 은사는 헬라어로 '카리스마'이며, 은혜를
의미하는 '카리스'와 어원이 같습니다. 다시 말해서 하나님
께서 우리에게 은혜로 주신 것이 바로 은사입니다.

은사(恩賜)는 문자적으로 '왕이 하사한 선물'이라는 뜻을 갖
습니다. 그래서 성경에서 말하는 은사는 만왕의 왕이신 예수

님께서 우리에게 주신 선물을 의미합니다. 사도 바울은 에베소서 4장 8~10절 말씀을 통해 이 부분을 설명하고 있는데 이는 다음의 성경 말씀을 인용한 것입니다.

> 주께서 높은 곳으로 오르시며 사로잡은 자들을 취하시고
> 선물들을 사람들에게서 받으시며 반역자들로부터도
> 받으시니 여호와 하나님이 그들과 함께 계시기 때문이로다
> _시편 68:18

이 시편의 말씀은 이스라엘 백성들이 전쟁에서 승리하고 돌아올 때 부르는 찬송이었습니다. 자신들의 힘으로 전쟁에서 승리한 것이 아니라 하나님께서 친히 자신들과 함께 싸워서 승리케 하셨고, 하나님께서 많은 포로를 잡고 수많은 전리품을 빼앗아서 자신들에게 주셨음을 나타내고 있는 것입니다.

사도 바울은 이 말씀을 인용하여, 예수 그리스도께서 하늘 보좌에서 내려와 지극히 낮아지셔서 십자가에 죽기까지 하셨지만 거기서 끝난 것이 아니라 일대 반전을 일으키셨다고 말했습니다. 예수 그리스도께서는 모든 흑암 세력을 꺾으시고, 죽음을 정복하시고, 진정한 승리자로서 부활, 승천하셔

서 하늘과 땅의 모든 권세를 가지신 분이 되셨습니다. 이처럼 만왕의 왕이신 예수 그리스도께서 바로 우리 각 사람에게 주신 승리의 하사품이 바로 은사, Spiritual Gift입니다.

그리고 우리가 눈여겨보아야 할 부분은 이 은사를 주실 때 분량대로 주셨다는 말씀입니다. 헬라어로 분량은 '메트론'이라고 하는데 크기, 무게, 적합함 등을 뜻합니다. 그래서 은사를 분량대로 주셨다는 것은 하나님께서 우리가 가진 기질과 능력을 아시고 거기에 적합하게 은사를 주셨다는 것을 말합니다. 특히 이 은사는 각 사람에 따라 다양하게 주어지는 특징이 있습니다. 지구상에 똑같은 사람이 한 사람도 없듯이 우리 각자에게 하나님께서 독특한 달란트를 다 담아놓으셨습니다. 그래서 에베소서 4장 11절을 보면, 어떤 사람은 사도로, 어떤 사람은 선지자로, 어떤 사람은 복음 전하는 자로, 어떤 사람은 목사와 교사로 삼으셨다고 말씀하고 있습니다.

그렇다면 하나님께서는 왜 우리에게 분량대로 다양하게 은사를 주셨을까요? 그것은 바로 그리스도의 몸을 세우기 위함입니다. 우리는 받은 은사를 통해 그리스도의 몸인 교회를 건강하게 세워가는 공동체가 되어야 합니다. 여기서 중요한 것은 각자에게 주어진 은사를 다른 사람과 비교해서는 절대 안 된다는 사실입니다. 자신이 받은 은사, 직분을 자칫 상하 관계로 생각해서 비교하고 질투하고 대립하고 분열하면 사탄이 박수를 치는 일만 하는 것임을 우리는 반드시 알아야 합니다.

사도 바울이 성령이 하나 되게 하신 것을 힘써 지키라고 한 후에 다양한 은사에 대해 설명하는 데에는 그 까닭이 있습니다. 그리스도의 몸인 교회를 세우는 것은 어느 한 사람 단독으로 할 수 없기 때문입니다. 혼자서는 아무도 교회를 세울 수 없습니다. 교회는 다양한 은사를 가진 우리 모두가 협력해야 세워질 수 있습니다. 그래서 그리스도 안에서의 Unity, Oneness가 중요합니다. 서로가 가진 은사, 직분을 귀하게 여기고 서로를 존중해야 하는 것입니다.

최근 은퇴한 미국 새들백교회의 릭 워렌 목사는 "교회의 힘은 얼마나 많은 사람이 모이느냐가 아니다. 하나님의 일을 하는 사람이 몇 명인가 그것이 교회의 힘이다."라고 말했습니다. 이 말은 직분을 제대로 감당하는 사람이 얼마나 되느냐가 교회의 힘이 된다는 뜻입니다. 이 사실을 분명히 깨달고, 여러분 모두가 각자의 직분을 감당하여 교회를 세워 나가는 데 쓰임 받게 되시기를 바랍니다.

✦ 그리스도에게까지 자라가는 공동체

> 우리가 다 하나님의 아들을 믿는 것과 아는 일에 하나가
> 되어 온전한 사람을 이루어 그리스도의 장성한 분량이
> 충만한 데까지 이르리니 이는 우리가 이제부터 어린 아이가
> 되지 아니하여 사람의 속임수와 간사한 유혹에 빠져 온갖
> 교훈의 풍조에 밀려 요동하지 않게 하려 함이라
> _에베소서 4:13~14

사도 바울은 그리스도의 몸을 세우는 것에 대해 구체적으로 밝혔습니다. 무엇보다 우리가 그리스도의 장성한 분량이 충만한 데까지 이르는 영적 성장이 중요하다고 말하고 있습니다. 이에 더해 바울은 영적 성장의 비결이 무엇인지 알려주고 있는데, 그것은 하나님의 아들을 믿는 것과 아는 일에 하나가 될 때 가능해진다는 것입니다. 예수 그리스도를 믿는 믿음 안에 그리스도를 아는 지식이 더해져야 성숙한 그리스도인으로서 영적 영향력을 입히는 삶을 살 수가 있습니다.

그런데 우리가 잘 보아야 할 것이 있습니다. 믿음은 있는 것 같아도 영적 지식이 없는 사람은 신비주의에 빠지기 쉽습니다. 자기감정, 자기 기분에 따라 좌충우돌하고 맙니다. 그러면 신앙생활이 들쑥날쑥하여 마치 모래 위에 집을 지은 어리석은 사람과 같이 됩니다. 앞의 에베소서 4장 14절 말씀처럼 사람의 속임수와 간사한 유혹에 빠지게 되고 온갖 교훈의 풍조에 밀려 요동하게 되는 것입니다. 그래서 강단의 말씀을 붙잡는 것이 정말로 중요합니다. 예배에 성공하는 것이 우리가 일평생 놓치지 말아야 할 신앙생활의 핵심이라는 사실을 분명히 깨달으시기 바랍니다.

사도 바울은 에베소서 4장 15절에서 그리스도의 장성한 분량이 충만한 데까지 이르러야 한다는 것에 이어 범사에 그리스도에게까지 자라가야 한다는 사실을 반복적으로 강조합니다. 여기서 중요한 것이 '범사에'라는 단어입니다. '범사'라는 말은 모든 상황, 모든 환경, 모든 일을 뜻합니다. 어떤 경우에서든지, 어떤 상황에서든지 그리스도에게로 자라가라는 것입니다. 다시 말해 성공하든 실패하든, 병에 걸리든 건강하든 그 모든 상황을 영적으로 해석하여 그것을 성장의 발판으로 삼으라는 것입니다. 여러분, 어떤 상황에서든 강단의 언약을 붙잡고 기도 속으로 들어가시기 바랍니다. "성장하는 사람은 결코 늙지 않는다. 성장하기를 멈추면 그때 비로소 늙는다."라는 말이 있습니다. 우리의 영적인 삶은 날로 새로워야 합니다. 독수리가 날개 치며 올라감 같이 생명적 역동이 있어야 합니다. 이것이 영적 정상 상태입니다. 모든 독자 여러분이 날로 새로워지는 삶 속에서 범사에 그리스도에게까지 자라가는 영적 성장을 이루어 나가시기를 예수 그리스도의 이름으로 축복합니다.

✦ 23/시대에 걸맞은 영적 감각!

그러므로 내가 이것을 말하며 주 안에서 증언하노니
이제부터 너희는 이방인이 그 마음의 허망한 것으로
행함 같이 행하지 말라 그들의 총명이 어두워지고
그들 가운데 있는 무지함과 그들의 마음이 굳어짐으로
말미암아 하나님의 생명에서 떠나 있도다 그들이
감각 없는 자가 되어 자신을 방탕에 방임하여 모든
더러운 것을 욕심으로 행하되 오직 너희는 그리스도를
그같이 배우지 아니하였느니라 진리가 예수 안에 있는
것 같이 너희가 참으로 그에게서 듣고 또한 그 안에서
가르침을 받았을진대 너희는 유혹의 욕심을 따라
썩어져 가는 구습을 따르는 옛 사람을 벗어 버리고
오직 너희의 심령이 새롭게 되어 하나님을 따라 의와
진리의 거룩함으로 지으심을 받은 새 사람을 입으라
  _에베소서 4:17~24

◆ 영적인 새 사람

디모데후서 2장 20~21절 말씀을 보면, 주인이 귀히 쓰는 그릇에 대한 메시지가 나와 있습니다. 큰 집에는 금 그릇과 은그릇뿐 아니라 나무 그릇과 질그릇도 있는데, 그중에 귀하게 쓰는 그릇도 있고 천하게 쓰는 그릇도 있다는 것입니다. 그렇다면 그 그릇이 쓰임 받는 기준이 무엇일까요? 그것은 주인이 마음대로 쓸 수 있도록 깨끗하게 준비된 그릇입니다. 제아무리 금 그릇이라도 더러우면 쓸 수 없습니다. 쓰임 받기 위해서는 준비가 되어 있어야 한다는 것입니다.

사도 바울은 에베소서 4장 17~24절에서 옛 사람의 모습을 완전히 벗어버리고 영적인 새 사람으로서의 삶을 살아야 하나님 앞에서 사실적으로 쓰임 받을 수 있다고 강조합니다. 우리가 옛 사람의 체질, 옛 틀을 가지고 있으면 쓰임 받는 데 걸림돌이 될 뿐입니다. 여러분, 영적으로 백해무익한 옛 사람의 옷을 완전히 벗어버리고 하나님이 주신 새 사람의 옷을 입는 새 틀 인생을 살아가시기 바랍니다.

◆ 벗어버려야 할 옛 사람

> 너희는 유혹의 욕심을 따라 썩어져 가는 구습을 따르는
> 옛 사람을 벗어 버리고 _에베소서 4:22

사도 바울은 사람들에게 친숙한 옷을 비유로 들어 구원받은 하나님의 자녀가 어떤 삶을 살아야 하는지에 대해서 밝히고 있습니다. 당시 사회에서는 신분에 따라 입는 옷이 엄격하게 구별되었기 때문에 옷으로 설명하는 것은 매우 효과적인 설명 방법이었습니다. 사도 바울은 우리가 영적인 삶에 있어서 벗어버려야 할 옷이 있다는 것을 먼저 언급하고 있습니다. 그것이 바로 유혹의 욕심을 따라 썩어져 가는 구습을 따르는 옛 사람의 옷입니다. 여기서 썩어져 간다는 말은 멸망으로 간다는 것을 가리킵니다. 육신의 정욕, 안목의 정욕, 이생의 자랑을 좇아 행하는 옛 사람은 결국 영원한 멸망 길로 갈 수밖에 없다는 것입니다.

지금 이 말씀 수신자는 일차적으로 에베소교회 성도들이었습니다. 당시에 에베소 지역은 상업과 무역이 활발한 도시였고, 새로운 문물이 가장 먼저 도착하는 곳이었습니다. 그만

큼 사람들은 유행에 민감했고, 쾌락적 삶을 추구하는 것이 이들의 모습이었습니다. 한마디로 에베소는 온갖 우상 문화, 음란 문화로 가득한 사도행전 13, 16, 19장의 현장이었습니다. 이런 불신 현장 속에서 이방인 출신으로 예수 그리스도를 통해 하나님의 자녀가 된 성도들이 많이 있었습니다. 그런데 이들 가운데 일부는 아직도 옛 습관에서 벗어나지 못한 상태에서 세상의 불신자들과 별반 다를 바가 없는 삶을 살고 있었습니다. 사도 바울은 이들을 향해 예수 그리스도를 믿기 이전에 행했던 옛 사람의 모습에서 벗어나야 한다고 강하게 권면했습니다. 특히 이들이 벗어버려야 할 옛 사람의 특징이 에베소서 4장 17절부터 구체적으로 설명되어 있습니다.

> 그러므로 내가 이것을 말하며 주 안에서 증언하노니
> 이제부터 너희는 이방인이 그 마음의 허망한 것으로 행함
> 같이 행하지 말라 _에베소서 4:17

 사도 바울은 옛 사람의 모습이란 마음이 허망한 상태라고 언급하였습니다. 여기서 허망하다는 것은 속이 텅 빈 것, 목적이 없는 것, 결과가 없는 헛된 것이라는 뜻이 있습니다. 다시 말해 삶의 목적이 분명하지 않고 공허한 상태, 방황하는

상태를 말합니다. 하나님 떠난 인간은 자기 나름대로 인생의 목적을 정하고 의미 있게 산다고 노력해 보지만, 결국 무너질 바벨탑을 쌓는 것과 같습니다. 결과가 없는 헛된 인생을 사는 것입니다. 세상 것으로는 아무리 채워보려고 노력해도 결국 더 큰 갈증만 낳게 되고 더 깊은 악순환에 빠지게 됩니다. 인생의 근본 문제가 해결되지 않으면 죽음 이후의 영원 문제를 대처하지 못하기 때문에 결정적으로 허무할 수밖에 없는 것입니다.

> 그들의 총명이 어두워지고 그들 가운데 있는 무지함과
> 그들의 마음이 굳어짐으로 말미암아 하나님의 생명에서
> 떠나 있도다 _에베소서 4:18

사도 바울은 사람들이 이처럼 허망하게 삶을 사는 이유가 총명이 없고 무지하고 마음이 굳어져 있기 때문이라고 밝히고 있습니다. 한마디로 틀린 것, 다른 것, 망할 것으로 잘못 각인, 뿌리, 체질화가 되어있다는 것입니다. 그래서 영적인 삶, 신앙생활은 이처럼 잘못 각인, 뿌리, 체질화되어 있는 것을 완전히 뒤집어엎어야 합니다. 믿음의 본질은 하나님의 말씀에 있습니다. 하나님의 뜻을 정확히 알아야 하는 것입니

다. 그래서 영적으로 마음이 굳어지지 않도록 우리가 늘 깨어 하나님 말씀 앞에 서야 합니다. 에베소서 4장 19절의 말씀처럼 영적으로 감각 없는 자가 되는 것이 우리가 가장 경계해야 할 내용입니다. 히브리서 기자는 다음과 같이 우리에게 권면하였습니다.

> 오늘 너희가 그의 음성을 듣거든 너희 마음을 완고하게 하지 말라 _히브리서 4:7

여러분, 마음이 완고해져서는 안 됩니다. 하나님의 말씀에 대해 완전히 열린 마음이 되어야 합니다. 강단에서 메시지가 선포될 때 '아멘'으로 화답해야 합니다. '아멘'을 외칠수록 말씀에 대한 집중도가 커지고, 그 순간 새로운 각인이 일어납니다. 이렇게 강단 말씀으로 새로운 각인이 될 때 영적으로 썩어져 가는 구습을 따르는 옛 사람의 모습에서 벗어날 수 있습니다.

신앙생활은 절대 비우는 것이 아닙니다. 사실 우리 힘과 능력으로 마음과 생각을 비운다는 것은 애초에 불가능합니다. 아무리 머리 깎고 산에 들어가 수행을 해도 답이 없습니다.

신앙생활은 하나님 말씀으로 넘치도록 채우는 것입니다. 여러분, 말씀이 채워질 수 있도록 완전히 열린 영적 상태를 유지하시기 바랍니다. 선포된 말씀을 있는 그대로 삶 속에 적용할 때 비로소 모든 옛 틀을 다 깨고 생명력 넘치는 신앙생활을 하게 된다는 사실을 반드시 깨달아야 합니다.

✦ 입어야 할 새 사람

너희는 유혹의 욕심을 따라 썩어져 가는 구습을 따르는
옛 사람을 벗어 버리고 오직 너희의 심령이 새롭게 되어
하나님을 따라 의와 진리의 거룩함으로 지으심을 받은
새 사람을 입으라 _에베소서 4:22~24

사도 바울은 우리에게 변화된 새 사람으로서의 영적 정체성을 분명히 하라고 강조하고 있습니다. 그리스도인이 된다는 것은 철저한 변화를 의미합니다. 그리스도 예수를 통해 우리의 부패하고 타락한 옛 사람의 본성이 고침을 받아 새로운 피조물로 재창조된 것입니다. 그러면 거기에 걸맞은 새로운 삶을 살아야 합니다.

사도 바울처럼 옷으로 비유를 하여 보자면, 예수 그리스도를 모르던 과거의 우리는 죄수복을 입고 감옥 안에 살던 존재와 같았습니다. 그런데 예수 그리스도를 통해 이런 신분에서 벗어나 완전 자유함을 얻고 감옥에서 나오게 된 것입니다. 감옥을 나올 때 제일 먼저 하는 것이 무엇입니까? 지긋지긋한 죄수복을 벗어버리고 평상복을 입는 것입니다. 죄수복이 좋다고 계속 입고 있을 사람은 한 사람도 없습니다. 그런데 영적으로는 자유인이 되었음에도 불구하고 아직도 지긋지긋한 죄수복을 입고 있는 사람들이 많습니다. 그래서 사도 바울이 새 사람의 옷을 입으라고 그렇게 강조하는 것입니다.

이에 대해 사도 바울은 무엇보다 우리의 심령이 새롭게 되어야 한다는 사실을 강조하였습니다. 앞의 성경 말씀에서 보듯 "오직 너희의 심령이 새롭게 되어"라는 것은 경건의 모양만 있고, 경건의 내용이 없는 종교 생활해서는 안 된다는 것을 나타냅니다. 그리고 이어지는 말씀을 잘 보시기 바랍니다. "하나님을 따라 의와 진리의 거룩함으로 지으심을 받은 새 사람을 입으라"고 말씀하고 있습니다. '하나님을 따라'라는 표현은 하나님의 목적을 위한 삶을 말합니다. 그리고 '의와 진리의 거룩함으로 지으심을 받았다'는 것은 재창조를 의미합니다. 결과적으로 우리는 하나님의 영광을 위해 재창조된 존재라는 것입니다.

사도 바울은 누구보다도 이 부분에 있어서 확실한 변화가 있었습니다. 빌립보서 3장 7~9절을 보면, 그는 오직 예수 그리스도 외에는 다 배설물로 여길 정도로 확실히 버릴 것은 버리고, 붙잡을 것은 붙잡았다는 사실을 알 수 있습니다. 그리고 하나님이 위에서 부르신 부름의 상을 향해 일심, 전심, 지속하였습니다. 그래서 그는 그 사명이 다해가는 시점에 다음과 같이 고백할 수 있었습니다.

> 나는 선한 싸움을 싸우고 나의 달려갈 길을 마치고 믿음을
> 지켰으니 이제 후로는 나를 위하여 의의 면류관이 예비되었
> 으므로 주 곧 의로우신 재판장이 그 날에 내게 주실 것이며
> 내게만 아니라 주의 나타나심을 사모하는 모든 자에게
> 도니라 _디모데후서 4:7~8

이 얼마나 멋있는 삶이란 말입니까? 사도 바울은 자신뿐만 아니라 우리도 이런 삶을 살 수 있다는 사실을 강조하면서 힘을 주고 있습니다. 우리가 사도 바울처럼 영적으로 멋진 삶을 살아갈 수 있는 길이 무엇입니까? 237나라 5천 종족 복

음화를 향한 길을 가는 것입니다. 이를 통해 우리는 재창조된 새 사람의 축복을 사실적으로 누리면서 하나님을 가장 영화롭게 하는 복음 전도자가 될 수 있는 것입니다.

✦ 말씀을 따라가는 삶

"성격이 성경을 이긴다."라는 말이 있습니다. 인간의 성격이 어떻게 하나님 말씀인 성경을 이긴다는 것일까요? 이는 대부분의 인간이 하나님의 말씀이 아니라 자기중심의 창세기 3장 체질이 각인된 채로 살아가고 있음을 가리키는 말입니다. 우리는 성격이나 성질대로 살아가는 인생이 아니라 성경대로 살아가는 인생이 되어야 할 것입니다. 이를 위해서는 늘 새로운 각인이 일어나야 합니다.

사도 바울이 강조한 "옛 사람을 벗고 새 사람을 입으라"는 말은 한 번만 벗고 한 번만 입으면 된다는 것이 아닙니다. 계속해서 벗고 입어야 합니다. 사람의 체질은 쉽게 변화되지 않습니다. 그렇기 때문에 삶 속에서 계속해서 하나님의 말씀을 적용하여야 합니다. 이를 위해서는 강단 말씀의 흐름을 멈추지 않고 따라가는 영적 감각이 필요합니다. 모든 독자 여러분이 이러한 영적 감각을 가지고 하나님 말씀대로 살아가는 성경적 신앙생활을 하게 되시기를 예수 그리스도의 이름으로 축복합니다.

✦ 은혜를 끼치는 새 사람!

그런즉 거짓을 버리고 각각 그 이웃과 더불어 참된 것을
말하라 이는 우리가 서로 지체가 됨이라 분을 내어도
죄를 짓지 말며 해가 지도록 분을 품지 말고 마귀에게
틈을 주지 말라 도둑질하는 자는 다시 도둑질하지 말고
돌이켜 가난한 자에게 구제할 수 있도록 자기 손으로
수고하여 선한 일을 하라 무릇 더러운 말은 너희
입 밖에도 내지 말고 오직 덕을 세우는 데 소용되는
대로 선한 말을 하여 듣는 자들에게 은혜를 끼치게 하라
하나님의 성령을 근심하게 하지 말라 그 안에서 너희가
구원의 날까지 인치심을 받았느니라 너희는 모든 악독
과 노함과 분냄과 떠드는 것과 비방하는 것을 모든
악의와 함께 버리고 서로 친절하게 하며 불쌍히 여기며
서로 용서하기를 하나님이 그리스도 안에서 너희를
용서하심과 같이 하라 _에베소서 4:25~32

◆ 서로를 살리는 신앙생활

히브리서를 보면 우리의 신앙생활이 어떠해야 하는지에 대한 말씀이 나옵니다.

> 나의 의인은 믿음으로 말미암아 살리라 또한 뒤로 물러가면
> 내 마음이 그를 기뻐하지 아니하리라 _히브리서 10:38

신앙생활은 결코 뒤로 물러나면 안 됩니다. 독수리 날개 치며 올라감 같이 계속 올라가야 합니다. 그리고 이어지는 다음의 성경 말씀을 보면 이렇게 강조하고 있습니다.

> 우리는 뒤로 물러가 멸망할 자가 아니요 오직 영혼을 구원
> 함에 이르는 믿음을 가진 자니라 _히브리서 10:39

생명 구원을 향해 나아갈 때 결코 뒤로 물러서서는 안 됩니다. 늘 올라가는 신앙생활, 늘 앞으로 나아가는 신앙생활을 통해 언약적 도전을 하시기 바랍니다.

인천상륙작전을 통해 한국전쟁의 전황을 역전시켰던 더글

라스 맥아더 장군이 이런 말을 했습니다. "사람은 나이가 먹었다는 이유로 늙지 않는다. 사람은 꿈을 포기했을 때 비로소 늙는다. 세월은 피부에 주름살이 생기게 한다. 하지만 인생에 대한 호기심을 잃으면 영혼에 주름살이 생긴다." 여러분, 꿈을 포기하는 순간 늙게 됩니다. 여러분에게는 선교라는 꿈, 237나라 5천 종족 복음화라는 언약적 비전이 있습니다. 이것을 바탕으로 언약적 기도와 언약적 도전을 할 때 우리의 삶은 복음의 생명력으로 충만할 것입니다.

우리는 지난 챕터에서 우리의 신앙생활에서 중요한 것이 영적 감각이 있는 삶이라는 사실을 살펴보았습니다. 옛 사람을 벗어버리고 새 사람을 입어야 한다는 것, 백해무익한 옛 틀을 깨고 복음으로 충만한 새 틀 인생을 살아야 한다는 것, 그리고 유일성의 복음으로 새롭게 각인, 뿌리, 체질화되어야 한다는 점을 말씀드렸습니다.

이번 챕터를 보면, 사도 바울은 이러한 새 사람의 삶에 대해 더 구체적으로 적용할 내용을 밝히고 있습니다. 그 가운데 중요한 것이 서로가 서로에게 은혜를 끼치는 삶입니다. 서로 은혜를 끼친다는 것을 쉽게 설명하면 '서로를 살린다'는 말입니다. 힘을 주고, 영적으로 일으켜 세운다는 것입니다. 여러분, 서로가 서로를 살리는 신앙생활을 해 나가야 합니다. 그럼으로써 교회를 서로가 서로를 세우는 치유공동체로 만들어 나가야 할 것입니다.

◆ 마귀에게 틈을 주지 않는 삶

> 그런즉 거짓을 버리고 각각 그 이웃과 더불어 참된 것을 말하라 이는 우리가 서로 지체가 됨이라 분을 내어도 죄를 짓지 말며 해가 지도록 분을 품지 말고 마귀에게 틈을 주지 말라 _에베소서 4:25~27

사도 바울은 예수 그리스도를 통하여 옛 사람의 옷을 벗어버리고 새 사람의 옷을 입은 사람의 모습에 대해서 구체적으로 설명을 해 나가고 있습니다. 우리는 예수 그리스도의 십자가 대속이라는 값으로 환산할 수 없는 희생을 통해 한 지체가 되었습니다. 그러니 이런 희생이 헛되지 않도록 서로 간에 완전 Oneness를 이루는 영적 자세를 가져야 할 것입니다.

이를 위해 중요한 것이 마귀에게 틈을 주지 않는 삶을 사는 것입니다. 마귀는 헬라어로 '디아블로스'라고 하는데, 이는 '쐐기를 박는 자', '이간자'라는 뜻입니다. 쐐기란 나무를 둘로 쪼갤 때 가운데 박아서 나눠지도록 하는 연장입니다. 이처럼 사탄은 어떻게 해서든 우리가 Oneness 되지 못하도록, 영적으로 그리스도께 집중하지 못하도록 쐐기를 박습니다. 우리가 영적으로 방심하고 빈틈을 보이는 순간에 쏜살같이 찾아 들어와 분리시키는 것입니다. 그래서 사도 바울은 우리에게 이런 마귀의 간계에 속지 않도록 틈을 주지 말라고 권면하고 있습니다.

지피지기면 백전백승이라는 말이 있듯이 영적 전쟁에서 우리는 대적인 마귀가 쓰는 전략을 잘 볼 수 있어야 합니다. 사도 바울은 앞의 성경 말씀에서 마귀의 전략 무기가 무엇인지를 밝히고 있습니다. 에베소서 4장 25절을 보면, "거짓을 버리고 각각 그 이웃과 더불어 참된 것을 말하라"며 마귀의 무기가 거짓임을 이야기합니다. 거짓이 왜 마귀가 잘 쓰는 무기가 되는지는 다음의 성경 말씀에 잘 설명되어 있습니다.

그는 처음부터 살인한 자요 진리가 그 속에 없으므로

진리에 서지 못하고 거짓을 말할 때마다 제 것으로
말하나니 이는 그가 거짓말쟁이요 거짓의 아비가
되었음이라 _요한복음 8:44

한마디로 마귀의 실체가 거짓의 원조라는 것을 나타내고 있
습니다. 이는 우리가 일반적으로 말하는 단순한 거짓말의 차
원이 아닙니다. 영적으로 하나님 말씀을 올바로 받지 못하도
록 속이는 존재가 바로 마귀입니다. 하나님 말씀과는 정반대
의 삶을 살도록 마귀는 계속해서 우리를 속이는 존재라는 사
실을 알아야 합니다.

우리는 이런 거짓된 삶에서 벗어나 하나님 앞에서 정직한
삶을 살아야 합니다. 그러한 삶은 바로 하나님의 말씀에 대
한 온전한 순종을 가리킵니다. 이를 위해서는 강단과 영적으
로 한 흐름을 타는 것이 중요합니다. 예배를 통해 말씀을 들
을 때 여러분에게 새로운 각인이 일어나게 됩니다. 잘못 뿌
리내리고 체질화된 것이 갈아엎어지게 되는 것입니다. 창세
기 3장, 6장, 11장의 자기중심, 물질 중심, 세상 성공 중심의
삶에서, 오직 그리스도, 오직 하나님 나라, 오직 성령 충만의
3오직으로 깊이 뿌리내리는 시간이 바로 강단 메시지를 받

는 시간입니다. 그래서 일주일의 시간 중 주일예배를 드리는 시간을 여러분 삶에서 가장 중요한 시간으로 만들어야 합니다. 예배 성공이 여러분 인생의 최고 우선순위가 될 때, 하나님 앞에 올바른 삶을 살게 됩니다.

사도 바울은 다음 성경을 말씀을 통해 우리가 마귀에게 공격당하기 쉬운 또 하나의 빈틈을 지목하고 있습니다.

> 분을 내어도 죄를 짓지 말며 해가 지도록 분을 품지 말고 마귀에게 틈을 주지 말라 _에베소서 4:26

그것은 바로 분노입니다. 분노는 백해무익합니다. 하나님 말씀에 은혜를 받고서는 제일 빠르게 쏟아버리는 통로가 바로 분노라는 사실을 알아야 합니다. 인간이 살아가면서 화를 내지 않는 것은 불가능합니다. 앞의 성경 말씀에서도 분을 내는 것 자체를 죄라고 하지는 않습니다. 다만 분을 내더라도 그것으로 인해 죄를 짓거나 계속해서 그 분을 품지 말라는 것입니다. 분노에 지배를 당하면 그것이 결국 죄를 짓게 만드는 통로가 되고 맙니다. 우리가 분노 가운데 사로잡히면 결코 은혜를 끼치는 삶을 살 수 없습니다. 에베소서 4장 29

절을 보면 "무릇 더러운 말은 너희 입 밖에도 내지 말고"라고 되어 있습니다. 분노가 가득한 사람은 상대방의 마음에 비수를 꽂는 말을 하게 됩니다. 결국은 마귀가 박수칠 일만 생기고 맙니다.

이런 분노를 자기 속에 계속 가지고 있으면 있을수록 문제가 심각해지게 됩니다. 자꾸 되새김질하면서 더 심각한 생각 속으로 빠지고 맙니다. 흔히 하게 되는 "생각할수록 화가 더 치민다"는 말이 괜히 있는 것이 아닙니다. 분노를 계속해서 품고 있으면 온갖 부정적인 것으로 자신의 생각을 도배하기 때문에 자기도 죽고, 상대방도 죽이는 결과를 초래하고 맙니다. 하나님의 것으로 묵상해야 하는데 온갖 부정적인 것, 틀린 것을 묵상하니 영육 간에 피폐한 삶을 살 수밖에 없는 것입니다.

우리는 마귀에게 틈을 주지 말아야 합니다. 분노는 바로바로 청산하는 것이 최선입니다. 그렇다면 어떻게 분노를 청산해야 할까요? 바로 하나님의 말씀으로 청산하는 것입니다. 다음 성경 말씀을 우리가 분명하게 붙잡아야 합니다.

> 분을 내어도 죄를 짓지 말며 해가 지도록 분을 품지 말고
> _에베소서 4:26

이 말씀을 생활 속에서 특히나 부부관계 속에서 항상 실천하여 보시기 바랍니다. 이와 더불어 잠언의 말씀에도 분노의 해악을 나타내는 것이 많습니다.

> 분을 쉽게 내는 자는 다툼을 일으켜도 노하기를 더디 하는
> 자는 시비를 그치게 하느니라 _잠언 15:18

> 노하기를 속히 하는 자는 어리석은 일을 행하고
> _잠언 14:17

분노가 이처럼 영적으로 백해무익하다는 사실을 우리는 분명히 깨달아야 할 것입니다.

「그리스도를 본받아」의 저자 토마스 아 켐피스는 "화가 마음으로 들어올 때, 지혜는 떠난다."라고 말했습니다. 다시 한 번 곱씹어 볼 만한 말입니다. 화가 나 있는 상태에서 내뱉는 말은 결국 나중에 후회할 말이 되고 맙니다. 과학적으로도 화를 낼 때 에피네프린과 노르에피네프린이라는 호르몬

이 증가하는데 이 둘은 심장박동을 늘리고, 혈압을 높이고, 혈당치를 올리는 결과를 낳는다고 합니다. 이처럼 화를 내는 것은 건강에도 도움이 되지 않습니다. 여러분은 마귀에게 틈을 주는 거짓과 분노의 옛 모습에서 완전히 벗어나 은혜를 끼치는 새 사람의 삶을 살아가시기 바랍니다.

◆ 성령을 기쁘시게 하는 삶

> 무릇 더러운 말은 너희 입 밖에도 내지 말고 오직 덕을
> 세우는 데 소용되는 대로 선한 말을 하여 듣는 자들에게
> 은혜를 끼치게 하라 하나님의 성령을 근심하게 하지 말라
> 그 안에서 너희가 구원의 날까지 인치심을 받았느니라
> _에베소서 4:29~30

사도 바울은 우리가 은혜를 끼치는 삶을 살기 위해서는 성령을 근심하게 하는 행동에서 벗어나야 한다고 말합니다. 다시 말해 성령을 기쁘시게 하는 삶을 살 때 은혜를 끼치는 삶을 살 수 있다는 것입니다. 사도 바울은 다음 성경 말씀에서 성령을 근심하게 만드는 우리 삶의 요소가 어떤 것인지 밝히고 있습니다.

너희는 모든 악독과 노함과 분냄과 떠드는 것과 비방하는
것을 모든 악의와 함께 버리고 _에베소서 4:31

악독은 늘 남을 날카롭게 비판하며 다니는 것을 말합니다.
노함은 급격한 감정의 폭발을 의미하는 것이고, 분냄은 분노
의 감정이 자리를 잡아 지속적으로 영향력을 입히는 상태를
말합니다. 떠드는 것은 이런 분냄이 밖으로 표출된 것을 말
하고, 비방하는 것은 말 그대로 상대방을 헐뜯는 것입니다.
그리고 이런 것들을 일으키는 악의는 결국 성령을 근심하게
하며 하나님의 일을 방해하게 만듭니다. 사도 바울은 이런
옛 사람의 모습에서 벗어나 그리스도 안에서 서로를 품는 용
서의 삶을 살아야 한다는 사실을 강조합니다.

서로 친절하게 하며 불쌍히 여기며 서로 용서하기를 하나님
이 그리스도 안에서 너희를 용서하심과 같이 하라
_에베소서 4:32

성령을 기쁘시게 하는 삶이 바로 용서의 삶입니다. 하나님
께서 그리스도 안에서 우리를 용서하심과 같이 모든 관계 속
에서 이런 용서의 삶을 살아야 한다는 것입니다. 베드로전
서 3장 9절을 보면, "악을 악으로, 욕을 욕으로 갚지 말고 도

리어 복을 빌라 이를 위하여 너희가 부르심을 받았으니 이는 복을 이어받게 하려 하심이라"고 말하고 있습니다. 여러분, 영적인 큰 자가 되시기 바랍니다. 복음적 시각을 가지고 상대방을 바라보며, 생명 살리는 관점으로 자신과 다른 사람을 바라보아야 합니다. 우리가 생명을 살리는 말, 은혜를 끼치는 말과 행동을 할 때 우리 안에 계신 성령께서 기뻐하시는 것입니다.

잠언 27장 21절을 보면 "도가니로 은을, 풀무로 금을, 칭찬으로 사람을 단련하느니라"고 말씀하고 있습니다. 뜨거운 도가니와 풀무를 통해 불순물을 제거한 후 순수한 은과 금이 얻어지듯이, 사람은 다른 어떤 것이 아니라 칭찬으로 그 사람의 불순물을 빼내고 존귀한 존재로 변화시킨다는 것입니다. 위로와 격려, 칭찬의 말이 그렇게 중요합니다.

어느 대뇌학자의 연구 결과에 의하면 뇌세포의 98%가 말의 지배를 받는다고 합니다. 말을 하면 그 말이 뇌에 영향을 미쳐서 그 사람의 인생과 행동이 그 말을 따라간다는 것입니다. 그만큼 말이 주는 영향력이 큽니다. 모든 독자 여러분이 생명 살리는 말, 은혜 끼치는 말과 행동을 삶 속에 언약적으로 적용함으로써 서로를 살리는 복음공동체를 만들어 나가시기를 예수 그리스도의 이름으로 축복합니다.

✦ 하나님을 본받는 삶!

그러므로 사랑을 받는 자녀 같이 너희는 하나님을
본받는 자가 되고 그리스도께서 너희를 사랑하신 것
같이 너희도 사랑 가운데서 행하라 그는 우리를 위하여
자신을 버리사 향기로운 제물과 희생제물로 하나님께
드리셨느니라 음행과 온갖 더러운 것과 탐욕은
너희 중에서 그 이름조차도 부르지 말라 이는 성도에게
마땅한 바니라 누추함과 어리석은 말이나 희롱의 말이
마땅치 아니하니 오히려 감사하는 말을 하라 너희도
정녕 이것을 알거니와 음행하는 자나 더러운 자나
탐하는 자 곧 우상 숭배자는 다 그리스도와 하나님의
나라에서 기업을 얻지 못하리니 누구든지 헛된 말로
너희를 속이지 못하게 하라 이로 말미암아 하나님의
진노가 불순종의 아들들에게 임하나니 그러므로
그들과 함께 하는 자가 되지 말라 너희가 전에는 어둠이
더니 이제는 주 안에서 빛이라 빛의 자녀들처럼 행하라
빛의 열매는 모든 착함과 의로움과 진실함에 있느니라
주를 기쁘시게 할 것이 무엇인가 시험하여 보라 너희는
열매 없는 어둠의 일에 참여하지 말고 도리어 책망하라
그들이 은밀히 행하는 것들은 말하기도 부끄러운 것들
이라 그러나 책망을 받는 모든 것은 빛으로 말미암아
드러나나니 드러나는 것마다 빛이니라 그러므로
이르시기를 잠자는 자여 깨어서 죽은 자들 가운데서
일어나라 그리스도께서 너에게 비추이시리라
하셨느니라 _에베소서 5:1~14

◆ 그리스도를 본받는 삶

 사도 바울은 에베소서 5장을 통해 우리에게 하나님을 본받는 자가 되라고 강조하고 있습니다. 그런데 이 말씀을 언뜻 보면 어폐가 있는 듯이 보입니다. 눈에 보이지도 않는 하나님을 어떻게 본받을 수가 있단 말입니까? 하지만 이 문제에 대한 답을 찾는 것은 어려운 일이 아닙니다. 우리는 성육신하신 예수님을 본받으면 됩니다. 요한복음 14장 9절을 보면, 예수님께서 친히 "나를 본 자는 아버지를 보았다"라고 말씀하셨습니다. 사도 바울도 다음 성경 말씀에서 그 답을 제시하고 있습니다.

> 내가 그리스도를 본받는 자가 된 것 같이 너희는
> 나를 본받는 자가 되라 _고린도전서 11:1

 사도 바울은 자신이 그리스도를 본받기 위해 집중한 것처럼 우리도 그런 삶을 살기를 바랐습니다. 이렇게 그리스도를 본받는 삶을 살면 우리 삶에 생동감이 넘치게 되고, 날로 더욱 새로운 삶을 살게 됩니다. 여러분, 이번 챕터를 통해 하나님을 본받는 삶이 어떠한 것인지에 대한 구체적인 답을 얻고 시대의 주역으로 쓰임 받으시기를 바랍니다.

✦ 사랑 가운데서 행하는 삶

그러므로 사랑을 받는 자녀 같이 너희는 하나님을 본받는
자가 되고 그리스도께서 너희를 사랑하신 것 같이 너희도
사랑 가운데서 행하라 그는 우리를 위하여 자신을 버리사
향기로운 제물과 희생제물로 하나님께 드리셨느니라
_에베소서 5:1~2

사도 바울은 하나님을 닮아가기 위해서 무엇보다 중요한 것
이 자신이 하나님의 사랑을 받는 자녀라는 영적 정체성을 갖
는 것임을 밝히고 있습니다. 이것은 우리가 신앙생활을 하는
데 있어서 영원히 변치 않는 뿌리라는 사실을 붙잡아야 합니
다. 이 부분이 올바로 되어있지 않으면 문제와 사건 앞에 이
리저리 흔들리는 삶을 살 수밖에 없습니다. 다음의 성경 말
씀을 보면 우리에게 나타난 하나님의 사랑이 일목요연하게
정리되어 있습니다.

하나님의 사랑이 우리에게 이렇게 나타난 바 되었으니 하나

님이 자기의 독생자를 세상에 보내심은 그로 말미암아
우리를 살리려 하심이라 사랑은 여기 있으니 우리가 하나님
을 사랑한 것이 아니요 하나님이 우리를 사랑하사 우리
죄를 속하기 위하여 화목제물로 그 아들을 보내셨음이라
_요한1서 4:9~10

 하나님께서는 우리의 죄를 속하기 위하여 독생자를 세상에
보내셔서 화목제물이 되게 하심으로써 우리를 향한 사랑을
나타내셨습니다. 에베소서 5장 2절의 표현대로 예수 그리스
도께서 향기로운 제물과 희생제물이 되신 것입니다. 이렇게
예수 그리스도께서 우리의 죄와 저주, 모든 허물을 짊어지시
고 희생제물이 되어 십자가에 달려 돌아가심으로 말미암아
우리에게 영원한 생명을 얻을 수 있는 길이 열렸습니다. 히
브리서 9장 12절을 보면, "염소와 송아지의 피로 하지 아니
하고 오직 자기의 피로 영원한 속죄를 이루사 단번에 성소에
들어가셨느니라"고 말씀하고 있습니다. 그리고 히브리서 9
장 22절에서는 그 피흘림이 있어야 죄 사함이 있다는 사실을
밝히고 있습니다. 이어서 히브리서 10장 10절에서는 예수
그리스도께서 몸을 단번에 드리심으로 말미암아 우리가 거
룩함을 얻게 되었다고 말씀하고 있습니다. 갈보리산 십자가
에서 흘리신 그 보혈로 우리의 모든 죄, 원죄와 과거, 현재,

미래에 지을 모든 자범죄까지 깨끗이 씻음을 받게 된 것입니다.

복음주의 신학자 존 스토트 목사는 "사랑의 정의를 찾고자 할 때 우리는 사전을 찾는 것이 아니라 갈보리를 바라보아야 한다."라고 강조했습니다. 예수님께서 갈보리산 위에서 십자가에 달려 돌아가심으로 말미암아 우리의 영원 문제는 완전히 해결되었습니다. "다 이루었다(테텔레스타이)"라는 언약적 고백이 우리의 영적인 삶의 시작이며 전부입니다. 따라서 이 갈보리 언약을 분명히 붙잡는 것이 신앙생활의 근본이 됩니다.

사도 바울은 예수 그리스도께서 자신의 몸을 버리사 희생제물이 되실 정도로 우리를 사랑하신 것같이 우리도 서로 사랑 가운데 행하는 것이 바로 하나님을 본받는 삶임을 강조하였습니다. 사실 우리가 하나님의 사랑을 받고 나면 가장 먼저 찾아오는 것이 있습니다. 바로 영혼을 사랑하는 마음이 생기게 됩니다. 하나님께서 예수 그리스도를 통해 여러분에게 주신 그 놀라운 사랑을 깊이 체험하면 할수록 영혼을 살리려는 가슴이 불타게 되는 것입니다. 선지자 예레미야는 이런 고백을 했습니다.

> 내가 다시는 여호와를 선포하지 아니하며 그의 이름으로 말
> 하지 아니하리라 하면 나의 마음이 불붙는 것 같아서 골수
> 에 사무치니 답답하여 견딜 수 없나이다 _예레미야 20:9

이런 복음 전파의 열정이 여러분 심령 가운데 불타올라야 합니다. 그럼으로써 237시대 전도와 선교의 파수망대로 멋지게 서게 되시기를 바랍니다.

◆ 빛의 열매를 맺는 삶

> 너희가 전에는 어둠이더니 이제는 주 안에서 빛이라 빛의
> 자녀들처럼 행하라 빛의 열매는 모든 착함과 의로움과
> 진실함에 있느니라 _에베소서 5:8~9

사도 바울은 우리가 과거에는 어둠에 속하여 어둠이 하라는 대로 행했던 본질상 진노의 자녀였지만, 예수 그리스도의 십자가 대속과 부활을 통해 이제는 빛의 자녀로 변화되었음을 밝히고 있습니다. 그러면서 빛의 열매를 맺는 것이 바로 하

나님을 본받는 삶임을 강조합니다. 그는 앞의 성경 말씀을 통해 빛의 열매가 모든 착함과 의로움과 진실함에 있다고 밝히고 있습니다. 다음 성경 말씀에도 보면, 예수님께서는 너희는 세상의 빛이라고 우리의 정체성을 밝혀주시면서 이렇게 강조하셨습니다.

> 이같이 너희 빛이 사람 앞에 비치게 하여 그들로 너희 착한 행실을 보고 하늘에 계신 너희 아버지께 영광을 돌리게 하라 _마태복음 5:16

우리의 착한 행실을 통해 영적 영향력을 입혀 나가야 한다는 것을 말씀하고 있습니다. 이것은 단순한 선행의 의미가 아닙니다. 예수 믿기 전에 가졌던 자기중심적 생각에서 완전히 탈피하여 이제는 생명 살리는 관점에서 접근해야 한다는 것을 가리킵니다. 오직 그리스도 중심, 오직 하나님 나라 중심, 오직 성령 충만 중심으로 다른 사람을 살리는 자리로 나아가야 하는 것입니다.

에베소서 5장 9절에서 사용된 '착함'이라는 단어도 원어적으로 볼 때 다른 사람과의 관계에서의 비이기적인 태도를 뜻합니다. 이는 아가페의 사랑으로 살리라는 것을 말하고 있는 것으로, 이것이 빛의 자녀 된 삶의 본질입니다. 다음 성경 말씀을 보면 이 사실을 아주 정확하게 설명하고 있습니다.

> 그러나 너희는 택하신 족속이요 왕 같은 제사장들이요 거룩한 나라요 그의 소유가 된 백성이니 이는 너희를 어두운 데서 불러 내어 그의 기이한 빛에 들어가게 하신 이의 아름다운 덕을 선포하게 하려 하심이라 _베드로전서 2:9

우리는 천명, 소명, 사명을 분명히 깨달아야 합니다. 우리를 어두운 데서 불러내어 예수 그리스도의 빛 가운데로 들어가게 하신 까닭이 무엇이겠습니까? 우리가 그 빛을 밝히는 존재가 되어 십자가 복음을 선포하는 삶을 살도록 하기 위함입니다. 빛이 임하면 어둠이 떠나게 되어있습니다.

사도 바울은 에베소서 5장 10절에서 "주를 기쁘시게 할 것이 무엇인가 시험하여 보라"고 강조하고 있습니다. 여기서 '시험하여 보라'는 헬라어로 '도키마조'라고 하는데 '실험을 통해 확인해 보라', '입증하여 보라'는 뜻입니다. 여러분이 빛의 자녀로서 복음을 선포할 때 어떤 변화가 일어나는지 현장에서 실제 확인해 보라는 것입니다. 사도 바울은 그 누구보다도 이런 현장 변화를 사실적으로 체험했기 때문에 그 증인으로서 당당히 권면하고 있습니다.

"행동은 말보다 더 크게 말한다.(Actions speak louder than words.)"라는 영어 속담이 있습니다. 말만 하는 것보다도 행동하는 것이 더 중요하다는 것입니다. 일단 한번 해보시기 바랍니다. 해보면 답이 나오고, 결론이 나게 되어 있습니다.

✦ 예수 그리스도의 빛

「모리와 함께한 화요일」은 루게릭병에 걸려 시한부 인생을 살아가는 노교수 모리 슈워츠와 그의 오래된 제자 미치 앨봄이 매주 화요일마다 만나 나누었던 인생의 의미에 대한 실제 대화를 수록한 베스트셀러입니다. 이 책에서 모리 교수는 미치에게 이런 말을 합니다. "이 병을 앓으면서 내가 배운 가장 큰 것이 무엇인 줄 아는가? 인생에서 중요한 것은 사랑을 나눠주는 법과 사랑을 받아들이는 법을 배우는 것일세." 모리 교수의 이 말은 우리의 영적인 삶에도 적용할 수 있습니다. 영적인 삶에 있어서도 가장 중요한 것이 예수 그리스도를 통해 우리에게 주신 하나님의 놀라운 사랑을 사실적으로 체험하고 그 사랑을 나눠주는 삶을 사는 것입니다.

에베소서 5장 14절을 보면, 사도 바울이 이렇게 말합니다. "잠자는 자여 깨어서 죽은 자들 가운데서 일어나라 그리스도께서 너에게 비추이시리라 하셨느니라" 지금 현장에는 영적으로 잠을 자는 자, 다시 말해 아직도 어둠에 속한 자들이 많이 있습니다. 이들을 살리는 유일한 길은 오직 예수 그리스도의 빛밖에 없습니다. 그렇기 때문에 우리가 함께 일어나서 그리스도께서 우리 안에 비추신 그 생명의 빛을 비추는 삶을 살아야 합니다. 모든 독자 여러분이 하나님의 사랑을 받은 자녀, 생명 살리는 빛의 자녀로서의 영적 정체성을 분명히 하여 현장에 생명 살리는 파수망대를 세우게 되시기를 예수 그리스도의 이름으로 축복합니다.

✦지혜 있는 삶!

그런즉 너희가 어떻게 행할지를 자세히 주의하여 지혜 없는 자 같이 하지 말고 오직 지혜 있는 자 같이 하여 세월을 아끼라 때가 악하니라 그러므로 어리석은 자가 되지 말고 오직 주의 뜻이 무엇인가 이해하라 술 취하지 말라 이는 방탕한 것이니 오직 성령으로 충만함을 받으라 시와 찬송과 신령한 노래들로 서로 화답하며 너희의 마음으로 주께 노래하며 찬송하며 범사에 우리 주 예수 그리스도의 이름으로 항상 아버지 하나님께 감사하며 그리스도를 경외함으로 피차 복종하라

_에베소서 5:15~21

◆ 영적 본질을 보는 눈

사도 바울은 에베소서 5장을 시작하면서 우리가 하나님을 본받는 삶을 사는 것이 바로 성경적 신앙생활임을 우리에게 보여 주었습니다. 특히 예수 그리스도를 희생제물로 삼아 우리의 모든 죄를 다 속량해주실 정도로 우리가 하나님의 큰 사랑을 받은 존재라는 사실이 하나님을 본받는 삶의 플랫폼이 되어야 함을 강조하였습니다. 그리고 이런 하나님의 큰 사랑을 받은 자녀는 어둠에 속했던 과거의 삶에서 벗어나 생명 살리는 빛의 자녀로서 열매 맺는 삶을 살아야 한다고 밝히고 있습니다. 이어서 에베소서 5장 15~21절에서는 이런 빛의 열매를 맺는 삶을 사는 데 있어서 지혜 없는 자 같이 하지 말고 지혜 있는 자 같이 행하도록 권면합니다.

성경에서 욥기, 잠언, 전도서를 지혜서로 따로 분류할 정도로 성경은 지혜로운 삶의 중요성을 강조하고 있습니다. 지혜 있는 삶과 지혜 없는 삶의 모습은 극과 극으로 나뉩니다. 형통과 불통이라는 극단적 결과가 나오기 때문입니다. 에베소서 5장의 전체 흐름을 따라 살펴보면 지혜 있는 삶은 빛을 따라 사는 삶이고 지혜 없는 삶은 어두움을 따라 사는 삶입니다. 그 둘은 삶의 기준이 본질적으로 다릅니다. 세상 사람들은 창세기 3장에서 사탄이 유혹하는 그대로 자기 기준에 따라 모든 노력을 기울입니다. 그 결과 때로는 많은 부를 축적하기도 하고 명예와 권력을 쟁취하기도 합니다. 겉으로 볼 때는 성공하는 것처럼 보입니다. 그러나 그 끝은 바벨탑과 같이 무너질 수밖에 없습니다. 그것이 지혜 없는 자의 삶의 종착역입니다. 영원 문제 해결 없이 세상에서 승승장구하는 것은 오히려 큰 저주일 뿐입니다.

에베소는 로마 제국의 번영을 배경으로 정치, 경제, 군사, 문화 등 모든 분야에서 지식의 꽃을 피웠던 도시였습니다. 그래서 당시 에베소 시민들은 다른 도시에 비해 지식적인 우월감을 가지고 있었습니다. 사도 바울은 무엇보다 에베소 교인들이 이런 사회적 상황에 휩쓸리고 세상 풍조를 따라가서는 안 된다는 경종을 울린 것입니다. 아무리 지식적 우월감을 가지고 있다 할지라도 그 지식으로는 결코 인생 근본 문제를 해결할 수 없습니다. 영적 본질을 보는 눈이 열려야 합니다. 그것이 참 지혜 있는 삶이라는 사실을 우리가 알아야 할 것입니다.

◆ 세월을 아끼는 지혜

> 그런즉 너희가 어떻게 행할지를 자세히 주의하여 지혜
> 없는 자 같이 하지 말고 오직 지혜 있는 자 같이 하여
> 세월을 아끼라 때가 악하니라 _에베소서 5:15~16

사도 바울은 지혜 있는 삶의 특징이 자기감정과 기분에 의해 충동적으로 사는 삶이 아님을 먼저 밝히고 있습니다. "너희가 어떻게 행할지를 자세히 주의하여"라는 말씀은 영적으로 깨어 있는 삶을 살아야 하며 이를 위해 영적 분별력을 가지고 있어야 한다는 것입니다. 영적 분별력이 없으면 오히려 하는 일마다 역효과를 불러와서 그리스도의 빛을 비추기는 커녕 빛을 가리는 일을 하게 됩니다. 그래서 중요한 것이 강단과 늘 소통하는 삶을 사는 것입니다. 무엇보다 주일 예배를 통해 선포되는 말씀의 흐름을 타는 것이 중요합니다. 주일예배는 한 주간 하나님께서 나에게 어떠한 삶을 살라는 것인지 영적 가이드라인을 주시는 시간입니다. 여러분, 항상 강단의 흐름과 완전히 하나 되시기를 바랍니다.

사도 바울은 우리가 빛의 자녀로서 하나님을 기쁘시게 하는

열매 맺는 삶을 살기 위해서 중요한 것이 지혜이며, 그 지혜가 바로 세월을 아끼는 삶을 사는 것이라고 강조하고 있습니다. 여기서 '세월'이라고 번역된 단어는 헬라어로 '카이로스'입니다. 헬라어에는 시간을 뜻하는 단어가 두 개 있습니다. 카이로스와 크로노스인데 우리가 일반적으로 사용하는 시간을 의미할 때는 '크로노스'를 씁니다. 그런데 어떤 사건이 터진 특정한 시간을 가리킬 때는 '카이로스'를 사용합니다.

앞의 성경 말씀에서 카이로스를 사용한 것은 중요한 시간을 가리키기 때문입니다. 영어로는 '기회'라는 말로 번역됩니다. 그리고 '세월을 아끼라'에서 '아끼라'는 말은 상업 용어로 상인들이 주로 사용하는 단어였습니다. '기회를 사라', '어떤 대가를 치르더라도 기회를 놓치지 말라'는 의미로 사용되었습니다. 즉 세월을 아끼라는 것은 하나님께서 주신 기회를 놓치지 말아야 한다는 것을 말합니다. 이 주어진 시간을 어떻게 활용하느냐에 따라 하나님의 일을 이루는 데 쓰임 받느냐, 못 받느냐가 결정됩니다. 시간은 돈처럼 사용했다가 남겨서 저축하고 다음에 다시 사용할 수 있는 것이 결코 아닙니다. 한 번 흘러가면 그것으로 끝이기 때문에 자신에게 주어진 시간과 기회를 놓치지 말고 값지게 사용해서 30배,

60배, 100배의 결실을 맺어야 합니다.

 바울은 세월을 아껴야 하는 이유에 대해 때가 악하기 때문이라고 말하고 있습니다. 이 말은 이 시대가 어둠의 세상 주관자인 사탄, 마귀가 집중적으로 공격하는 때라는 것을 말합니다. 마지막 때가 가까울수록 사탄은 자신의 때가 끝나가기 때문에 더 집중적으로 공격합니다. 사탄과 악한 영들의 마지막은 무저갱입니다. 무저갱은 지옥을 말합니다. 예수 그리스도께서 심판주로 재림하시는 순간에 마귀가 가야할 정해진 운명입니다. 그런데 예수님께서는 천국 복음이 온 세상에 전파될 때 그제야 끝이 온다고 말씀하셨습니다. 그러니 사탄, 마귀가 어떻게 해서든 복음 전파가 되지 못하도록 필사적으로 막는 것입니다.

 C. S. 루이스가 쓴 「스크루테이프의 편지」를 보면 고참 악마인 스크루테이프가 초보 악마에게 이렇게 조언합니다. "그리스도인들도 어차피 유한한 세상을 살아가고 있으니까 시간만 낭비하게 만들어라. 그러면 우리가 이긴다." 이러한 사탄의 전략에 얼마나 많은 사람들이 당하고 있습니까? 여러분, 우리는 하나님께서 주신 시간을 지혜롭게 사용해야 합니다.

어떻게 해야 지혜롭게 시간을 사용하는 것일까요?

> 때가 아직 낮이매 나를 보내신 이의 일을 우리가 하여야
> 하리라 밤이 오리니 그 때는 아무도 일할 수 없느니라
> _요한복음 9:4

 우리는 하나님께서 주신 시간을 맡아 관리하는 청지기라는 사실을 놓치지 말아야 합니다. 하나님께서 여러분에게 주신 직분이 있을 것입니다. 여러분에게 주신 그 직분을 통해 하나님의 일을 이루어드리는 데 시간을 사용해야 합니다. 하나님의 일을 위해 결단하고 도전하면 사탄이 어떠한 틈도 타지 못합니다. 결단하고 언약적 도전을 할 때 주의 성령께서 사실적으로 역사하신다는 사실을 놓치지 말아야 할 것입니다.

✦ 주의 뜻을 이해하는 지혜

> 그러므로 어리석은 자가 되지 말고 오직 주의 뜻이 무엇인
> 가 이해하라 술 취하지 말라 이는 방탕한 것이니 오직
> 성령으로 충만함을 받으라 _에베소서 5:17~18

사도 바울은 지혜 있는 삶을 살기 위해서는 주의 뜻이 무엇인지 이해하는 것이 중요하다는 사실을 밝혔습니다. 로마서 12장 2절을 보면, "너희는 이 세대를 본받지 말고 오직 마음을 새롭게 함으로 변화를 받아 하나님의 선하시고 기뻐하시고 온전하신 뜻이 무엇인지 분별하도록 하라"고 말씀하고 있습니다. 그렇다면 주의 뜻이 무엇인가를 이해하기 위해서 우리가 어떻게 해야 할까요? 바울은 바로 성령 충만을 받으면 된다고 밝히고 있습니다. 성령은 계시의 영으로서 하나님의 뜻을 전달하시는 분이십니다. 고린도전서 2장 10절을 보면, "성령은 모든 것 곧 하나님의 깊은 것까지도 통달하시느니라"고 말씀하고 있습니다. 그렇기 때문에 우리가 성령으로 충만하면 하나님의 뜻을 깨닫게 되고 결국 허송세월을 하지 않으면서 하나님의 뜻과 계획을 이루는 데 쓰임 받게 됩니다.

앞의 성경 말씀에서 사도 바울은 성령 충만을 쉽게 설명하기 위해 술 취하는 것으로 비유를 들었습니다. 술에 취하면 자신의 힘이 아니라 술기운의 지배를 받는 것처럼 성령 충만은 성령의 지배를 받는 것입니다. 술에 취하면 방탕하고 어리석은 삶을 살게 되지만, 성령으로 충만하면 지혜로운 삶을 살게 됩니다. 우리가 예수 그리스도를 영접하는 순간에 성령께서 우리 안에 들어오셔서 거하게 되는데 이것을 성령 내주라고 합니다. 이는 단회적 사건으로 한 번 임하신 성령은 영원토록 우리와 함께 계십니다. 요한복음 14장 16절에 보면, 예수님께서 제자들에게 "내가 아버지께 구하겠으니 그가 또 다른 보혜사를 너희에게 주사 영원토록 너희와 함께 있게 하리니"라고 분명히 말씀하셨습니다.

그런데 성령 충만은 이런 성령 내주와는 그 의미가 조금 다릅니다. 성령 충만은 성령 내주를 넘어서 성령의 완전하신 지배를 받는 삶을 사는 것입니다. 성령이 이끄는 삶, 성령 주도적인 삶을 말합니다. 사도 바울은 성령으로 충만함을 받으라고 했는데 이 표현은 현재형입니다. 다시 말해서 과거에 한 번 성령 충만을 받은 것으로 끝나는 것이 아니라 계속해서 충만해야 한다는 것입니다. 그렇다면 어떻게 해야 우리가 매 순간 성령의 충만함을 힘입는 삶을 살 수 있을까요? 여러분이 아셔야 할 것이 있습니다. 성령 충만은 결코 감정 충만이 아닙니다. 뭔가 불같이 뜨거워져야 성령으로 충만한 것이 아닙니다. 쉽게 설명하면 성령 충만은 말씀 충만, 기도 충만, 전도 충만입니다.

예수님께서 요한복음 14장과 15장에서 성령에 대해서 설명하신 것을 보면, 성령을 가리켜 진리의 영이라고 표현하고 있습니다. 진리는 곧 말씀입니다. 하나님의 말씀으로 충만한 삶, 그 말씀을 붙잡고 기도하는 언약 기도자의 삶, 그 말씀을 담대히 증거하는 전도자의 삶을 통해 우리가 성령의 충만함을 입게 되는 것입니다.'

우리가 성령으로 충만하게 되는 때가 언제일까요? 말씀의 핵심이요 진리이신 예수 그리스도가 우리 입술을 통해서 선포되는 순간입니다. 사도행전의 역사를 보면 이 사실을 잘 보여 줍니다. 사도들이 복음을 전파할 때 나타나는 표현이 있습니다. "베드로가 성령이 충만하여", "스데반이 성령이 충만하여", "바울이라고 하는 사울이 성령이 충만하여" 이들이 복음을 선포할 때 성령께서 가장 기뻐하시고, 가장 강권적으로 역사하셨음을 볼 수 있는 대목입니다. 우리가 성령의 권능을 힘입어 증인 된 삶을 사는 것이 바로 우리를 향하신 주님의 뜻이며, 이때 가장 성령 충만한 삶을 살게 됩니다.

◆ 참 지혜 인생

 미국의 유명한 사상가 에머슨이 이런 말을 했습니다. "만약에 당신에게 남아도는 시간이 있다면 그것은 가공되지 않은 다이아몬드 원석과 같은 것이다." 다이아몬드는 원석 그 자체로는 값어치가 높지 않습니다. 얼마나 잘 가공되느냐에 따라 그 가치가 결정됩니다.

 여러분에게 주어진 시간을 원석 그대로 남겨두지 마시기 바랍니다. 여러분의 시간을 지혜롭게 사용하여 아름답고 영롱한 다이아몬드로 빚어내시기 바랍니다. 이를 통해 모든 독자 여러분이 세월을 아끼며, 하나님의 뜻과 계획인 생명 살리는 일에 집중하는 참 지혜 인생을 살아가게 되시기를 예수 그리스도의 이름으로 축복합니다.

✦언약 가정, 23/선교의 플랫폼!

아내들이여 자기 남편에게 복종하기를 주께 하듯 하라
이는 남편이 아내의 머리 됨이 그리스도께서 교회의
머리 됨과 같음이니 그가 바로 몸의 구주시니라
그러므로 교회가 그리스도에게 하듯 아내들도 범사에
자기 남편에게 복종할지니라 남편들아 아내 사랑하기
를 그리스도께서 교회를 사랑하시고 그 교회를 위하여
자신을 주심 같이 하라 _에베소서 5:22~25

◆ 언약적 가정 공동체

사도 바울은 에베소서 5장 22~25절에서 하나님께서 친히 세운 또 하나의 공동체인 가정을 다루고 있습니다. 그는 교회뿐만 아니라 가정도 언약공동체가 되어야 함을 강조하였습니다. 언약적 가정이 중요한 까닭이 무엇일까요? 교회의 언약적 Oneness, 그리고 가정의 복음적 Oneness는 237나라 5천 종족 복음화를 위한 양 날개이기 때문입니다. 새는 어느 한 쪽 날개라도 힘을 잃으면 제대로 비상할 수가 없습니다. 그래서 사탄은 어떻게 해서든 이 두 날개를 꺾으려고 공격을 합니다. 하나님께서 하나님 나라 확장을 위해 친히 세우신 두 공동체가 교회와 가정이기 때문에 어떻게 해서든 교회가 깨지고, 가정이 깨지도록 공격하는 것입니다. 우리는 이러한 영적 실상을 올바로 깨닫고 사탄의 공격에 맞서야 할 것입니다.

이런 이야기가 있습니다. 평화롭고 아름다운 어느 마을에 서로 너무나 사랑한 사자와 소가 있었습니다. 소는 사자의 용맹함과 과묵한 성격이 마음에 들었고, 사자는 소의 자상함과 부지런함에 흠뻑 빠졌습니다. 그래서 둘은 주위의 반대를 무릅쓰고 결혼했습니다. 사랑보다 중요한 것이 없었던 그들은 힘들게 함께 된 만큼 서로 최선을 다하자고 약속했습니다. 소는 최선을 다해 맛있는 풀을 준비해 날마다 사자에게 대접했습니다. 사자는 그것이 싫지만 참았습니다. 사자도 최선을 다해 맛있는 고기를 날마다 소에게 대접했습니다. 소도 괴로웠지만 참았습니다. 그런데 참는 것에도 한계가 있을 수밖에 없었습니다. 도저히 안 되겠다 싶었던 둘은 마주 앉아 서로의 불만을 이야기하다가 결국 다투고 갈라서게 되었습니다. 헤어지면서 이 둘은 서로에게 이구동성으로 "난 최선을 다했어."라고 말했습니다.

둘이 최선을 다했음에도 다투고 헤어지게 된 까닭이 무엇일까요? 상대방의 입장은 전혀 고려하지 않고, 자신의 입장에서만 최선을 다했기 때문입니다. 이런 창세기 3장의 자기중심적 삶이 결국 가정의 모든 관계를 악화시키고야 마는 것입니다. 창세기 3장 사건으로 범죄한 아담과 하와 커플이 죄를 범한 순간부터 어떤 관계가 되었습니까? 둘은 똑같이 철저한 이기주의자가 되어버리고 말았습니다. 하나님 앞에서 서로에게 책임을 전가하고 서로를 탓하는 비참한 관계로 전락하고 만 것입니다. 여러분, 이런 사탄의 속임수와 공격에 더 이상 속고 당해서는 안 됩니다. 어떤 상황 속에서도 서로를 살리는 복음적 언약 관계를 회복하여 237나라 선교를 위한 든든한 플랫폼 가정을 이루어 나가야 할 것입니다.

◆ 복음적 부부 관계

> 아내들이여 자기 남편에게 복종하기를 주께 하듯 하라 이는 남편이 아내의 머리 됨이 그리스도께서 교회의 머리 됨과 같음이니 그가 바로 몸의 구주시니라 그러므로 교회가 그리스도에게 하듯 아내들도 범사에 자기 남편에게 복종할지니라 _에베소서 5:22~24

남편들에게 성경에서 가장 좋아하는 구절이 어느 구절이냐고 물으면 "아내들이여 자기 남편에게 복종하기를 주께 하듯 하라"는 이 말씀이라고 답을 합니다. 사실 지금 시대에 하나님 말씀에 이렇게 되어 있으니 당신은 나한테 복종해야 된다고 말하는 남편은 없을 것입니다. 더구나 앞의 성경 말씀은 어느 한 쪽의 일방적 복종을 의미하는 말이 아닙니다. 성경 말씀 속에 나오는 '복종'이라는 단어도 우리가 흔히 생각하는 일방적인 굴종을 뜻하는 것이 아닙니다. 사도 바울은 에베소서 5장 21절에서 "그리스도를 경외함으로 피차 복종하라"고 먼저 밝혀 두었습니다. 사도 바울이 성경적 부부 관계, 부모와 자녀 관계, 사회적 관계를 에베소서 5장 22절부터 6장 9절까지 연이어서 밝히고 있는데 그 대전제가 바로 그리스도를 경외함으로 서로 복종하라는 것입니다. 복종이란 어느 한 쪽이 가져야 할 자세가 아니라 모든 관계 속에서 서로가 가져야 할 자세라는 말씀입니다.

그런데 바울이 에베소서 5장 22절에서 특별히 아내에게 복종의 책임을 강조한 것에는 이유가 있습니다. 에베소서 5장 23절을 보면 "남편이 아내의 머리 됨이 그리스도께서 교회의 머리 됨과 같음이니"라고 밝히고 있습니다. 머리는 리더십을 뜻하는 것으로, 남편의 권위를 세워 주고 머리 되게 하는 것이 아내의 책임이라는 것입니다. 특히 바울은 "남편에게 복종하기를 주께 하듯 하라"고 밝히고 있습니다.

이 말은 예수 그리스도를 믿음으로 주께 우리가 자율적으로 순종하는 것처럼 아내도 주 안에서 자원하는 마음으로 남편의 권위에 따르며 순종해야 함을 의미하는 것입니다. 이와 관련하여 다음의 성경 말씀을 한번 보시기 바랍니다.

> 아내들아 이와 같이 자기 남편에게 순종하라 이는 혹 말씀
> 을 순종하지 않는 자라도 말로 말미암지 않고 그 아내의
> 행실로 말미암아 구원을 받게 하려 함이니 너희의
> 두려워하며 정결한 행실을 봄이라 _베드로전서 3:1~2

이것이 무엇을 뜻하는 말씀일까요? 설령 불신 남편이라 하더라도 그 권위를 인정하면, 그 남편이 주께 돌아올 가능성이 더 높아진다는 것입니다. 남편 복음화를 위해 간절히 기도하시는 분들은 이 말씀부터 먼저 실천하시기 바랍니다. 그러면 그 시간표가 더 빨라질 것입니다.

> 남편들아 아내 사랑하기를 그리스도께서 교회를
> 사랑하시고 그 교회를 위하여 자신을 주심 같이 하라
> _에베소서 5:25

바울은 아내의 복종을 강조하는 것만큼, 남편에게도 아내에 대한 책임을 요구합니다. 그 책임이란 다름 아닌 아내를 사랑해주는 것을 말합니다. 어떤 분들은 아내를 사랑하라고 했더니 "아니 사랑할 데가 있어야 사랑하지.", "사랑을 받게끔

해야 사랑을 하든지 말든지 하지."라고 말하기도 합니다. 하지만 앞의 성경 말씀에서 일컫는 사랑에 어떤 의미가 담겨 있는지를 생각하여 본다면 그런 말들이 잘못되었음을 깨닫게 될 것입니다.

앞의 성경 말씀에 사용된 '사랑'은 헬라어로 '아가파오'입니다. 이는 전적이고, 희생적이며, 무조건적인 하나님의 아가페 사랑을 의미하는 단어입니다. 아가페 사랑은 상대가 설령 사랑할만하지 않더라도, 그리고 그에게 사랑할 조건이 없더라도 사랑하는 것을 말합니다. 예수 그리스도께서 교회를 어떻게 사랑하셨습니까? 교회를 위하여 자신의 목숨까지 희생 제물로 내어주셨습니다. 완전한 희생적 사랑이었습니다. 바울은 남편이 아내 사랑하기를 이와 같이 하라고 말합니다.

바울은 이어 에베소서 5장 28절과 33절에도 반복해서 자기 아내 사랑하기를 자기 자신과 같이 하라고 강조합니다. 앞서 남편이 아내의 머리라고 말씀드렸는데 남편이 아내의 머리라는 의미는 결코 지배를 뜻하는 것이 아닙니다. 머리의 핵심 역할이 무엇입니까? 바로 이해와 수용입니다. 남편이 아내를 이해하고 받아주는 만큼 아내는 꽃을 피우게 되어 있습니다. 그 속에 잠재되어 있는 능력이 발산되는 것입니다. 이렇게 될 때 생명력 있는 가정이 됩니다.

가정학자 게리 스몰리 박사는 남편과 아내의 차이를 '들소 남편과 나비 부인'으로 비유했습니다. 남편은 들소같이 무감 각하고 무신경적인 반면에 아내는 나비처럼 섬세하고 민감 하다는 것입니다. 여기에는 서로 다름을 인정하고, 서로를 존중해 주라는 의미가 담겨있습니다. 상대방의 입장에서 이 해하라는 것입니다. 여러분, 특히 모든 부부 여러분은 복음 안에서 Oneness 된 부부 관계를 회복함으로써 가정을 3오 직 위에 든든히 세워 나가시기를 바랍니다.

◆ 언약적 자녀 관계

> 자녀들아 주 안에서 너희 부모에게 순종하라 이것이 옳으니라 네 아버지와 어머니를 공경하라 이것은 약속이 있는 첫 계명이니 이로써 네가 잘되고 땅에서 장수하리라
> _에베소서 6:1~3

사도 바울은 복음적 부부 관계에 대해 언급한 이후 부모와

는 어떤 관계를 가져야 하는지를 설명하고 있습니다. 바울은 주 안에서 부모에게 순종하는 것이 중요하다는 것을 이야기하였습니다. 아내가 남편의 권위를 인정하는 것처럼 부모의 권위를 인정하는 것이 중요하다는 것입니다.

그런데 여기에 '주 안에서'라는 한 가지 단서를 달았습니다. 이 말은 '주님의 관점에서'라는 의미를 담고 있습니다. 나의 관점과 나의 판단 기준에서 하고 안 하고를 결정하지 말라는 것입니다. 예수 그리스도를 통해 새로운 피조물로 거듭났다면 이제는 주님의 관점에서 삶의 모든 부분을 해석하고 적용하는 것이 성경적 신앙생활이라는 의미입니다.

그리고 '주 안에서'라는 말에는 다른 영적 의미가 하나 더 담겨 있습니다. 이것은 부모님의 말씀을 따르는 것이 맹목적인 개념이 아님을 보여주는 것입니다. 성경에는 중요한 원칙이 있습니다. 만약 부모에 대한 순종이 하나님에 대한 불순종이 될 때에는 더 높은 권위이신 하나님께 순종해야 하는 것입니다. 이를테면 불신 부모님이 예수님을 믿지 말라고 했다면 어떻게 해야 할까요? 부모님 말씀이니까 순종해야 한다며 부모님 돌아가신 다음에 신앙생활을 하겠다고 마음먹는

다면 그것은 영적으로 볼 때는 가장 큰 불효입니다. 불신 부모가 있는 사람은 지혜롭게 부모님의 인격을 존중해 드리면서 부모님이 주께 돌아오도록 평상시 삶을 통해 모든 관계를 회복해 나가야 할 것입니다.

> 또 아비들아 너희 자녀를 노엽게 하지 말고 오직 주의
> 교훈과 훈계로 양육하라 _에베소서 6:4

사도 바울은 부부와 부모에 이어 하나님께서 주신 기업인 자녀에게 어떻게 해야 지혜롭게 언약을 전달할 수 있는지에 대해 언급하고 있습니다. 사도 바울은 부모가 자녀에게 언약을 전달하는 데 있어서 무엇보다 우선되어야 할 것이 영적 소통임을 강조합니다. "아비들아 너희 자녀를 노엽게 하지 말고"라는 말은 쉽게 표현하면 자녀에게 상처를 주지 말라는 것입니다. 일단 상처가 생기면 부모와 자녀 간에 소통의 통로가 닫히게 됩니다. 이런 상황에서는 어떤 말을 해도 그것이 가슴으로 전달되기가 쉽지 않습니다. 부모 세대와 자녀 세대의 간극은 우리가 인정하고 시작해야 합니다. 과거의 패러다임으로 지금 세대를 재단하기 시작하면 그 차이를 줄일 수 없습니다. 그래서 틀린 것이 아니라 다른 것이라는 인

식을 하면서 영적 소통을 해야 합니다.

 사도 바울은 부모가 자녀에게 전해야 할 영적 미션이 자녀를 오직 주의 교훈과 훈계로 양육하는 것임을 밝히고 있습니다. 특별히 잘 보아야 할 것이 부모의 교훈과 훈계가 아니라 오직 주의 교훈과 훈계로 양육하라는 것입니다. 자기 생각과 기준대로, 자기감정대로 자녀를 양육해서는 안 됩니다. 오직 주님의 교훈과 훈계, 즉 복음과 언약의 말씀으로 양육하라는 것입니다.

 많은 후대들이 복음을 모른 채 창세기 3장, 6장, 11장의 세상 문화의 흐름에 휩쓸려 떠내려가고 있는 것이 지금의 현실입니다. 그렇기 때문에 우리는 영적 파수망대의 역할을 감당해야 합니다. 무엇보다 우리가 자녀를 쉽게 판단해서는 안 됩니다. 우리의 기준으로 볼 때 뭔가 부족해 보이기도 할 것입니다. 그리고 자녀들이 실수하거나 일탈할 수도 있습니다. 하지만 눈에 보이는 것이 전부가 아니라는 것을 알아야 합니다. 자녀들은 지금 성장하고 있는 시간표입니다. 그러니 자녀들이 영적으로 재창조되도록 우리가 도와주는 역할을 해야 합니다. 어떤 언약을 붙잡고 있는지, 그 언약을 붙잡고 어떻게 기도하고 있는지 함께 진실한 이야기를 나누는 시간을 가져보시기 바랍니다. 그러면 그 자녀는 인생 전체가 변화되는 하나님의 은혜를 체험하게 될 것입니다.

◆ 사랑차 조리법

'사랑차 조리법'이라는 글이 있어서 한번 소개해 드리려고 합니다.

① 불평과 성냄의 뿌리를 잘라내고 잘게 다진다.
② 교만과 자존심은 속을 뺀 후 깨끗이 씻어 말린다.
③ 짜증은 껍질을 벗기고 송송 썰어 넓은 마음으로 절여둔다.
④ 실망과 미움은 씨를 잘 빼낸 후 용서를 푼 물에 데친다.
⑤ 위의 모든 재료를 주전자에 담고 인내의 기도를 첨가하여 쓴맛이 없어질 때까지 충분히 달인다.
⑥ 기쁨과 감사로 잘 젓고, 미소 몇 개를 예쁘게 띄운 후 깨끗한 믿음의 잔에 부어서 따뜻할 때 마신다.

우리가 살아가는 모든 관계 속에서 이런 사랑차를 끓일 수 있다면 그 삶의 모습은 확연히 달라질 것입니다. 특히 예수 그리스도의 십자가를 통해 나타나는 그 사랑의 차, 복음의 차를 마신 우리는 세상과는 차원이 다른 삶을 살아야 합니다. 이를 통해 모든 독자 여러분의 가정에 복음적 부부 관계, 언약적 자녀 관계가 회복되시기를 예수 그리스도의 이름으로 축복합니다.

✦ 하나님의 전신 갑주, 승리의 플랫폼!

끝으로 너희가 주 안에서와 그 힘의 능력으로 강건하여
지고 마귀의 간계를 능히 대적하기 위하여 하나님의
전신 갑주를 입으라 우리의 씨름은 혈과 육을 상대하는
것이 아니요 통치자들과 권세들과 이 어둠의 세상
주관자들과 하늘에 있는 악의 영들을 상대함이라
그러므로 하나님의 전신 갑주를 취하라 이는 악한 날에
너희가 능히 대적하고 모든 일을 행한 후에 서기
위함이라 그런즉 서서 진리로 너희 허리 띠를 띠고
의의 호심경을 붙이고 평안의 복음이 준비한 것으로
신을 신고 모든 것 위에 믿음의 방패를 가지고 이로써
능히 악한 자의 모든 불화살을 소멸하고 구원의 투구와
성령의 검 곧 하나님의 말씀을 가지라 모든 기도와
간구를 하되 항상 성령 안에서 기도하고 이를 위하여
깨어 구하기를 항상 힘쓰며 여러 성도를 위하여 구하라
_에베소서 6:10~18

◆ 영적 전략

사도 바울은 에베소서를 통해 그리스도인의 변화된 영적 신분과 특권 그리고 그 신분에 걸맞은 삶을 살기 위한 영적 자세를 다양하게 설명해 왔습니다. 그리고 이제 에베소서를 마무리하는 6장에 이르러서는 변화된 영적 신분에 걸맞은 삶을 효과적으로 살아가기 위한 영적 전략을 밝히고 있습니다.

그 영적 전략이란 바로 하나님의 전신 갑주를 입는 것입니다. 그것이 바로 승리의 플랫폼이 됩니다. 여러분, 에베소서 6장의 말씀을 통해 영적으로 완전 무장을 하시기 바랍니다. 변화된 영적 신분을 누리며 신앙생활을 해 나갈 수 있게 될 것입니다.

◆ 영적 군인 의식

끝으로 너희가 주 안에서와 그 힘의 능력으로 강건하여지고
마귀의 간계를 능히 대적하기 위하여 하나님의 전신 갑주를
입으라 _에베소서 6:10~11

사도 바울이 에베소서의 말씀을 마무리하면서 끝으로 강조하는 것은 바로 마귀의 간계를 능히 대적하기 위하여 하나님의 전신 갑주를 입으라는 것입니다. 이것은 우리가 살고 있는 창세기 3장 현장이 영적 전쟁터임을 전제하고 있습니다. 그래서 신앙생활은 영적 전쟁을 하는 것이고, 하나님의 자녀 된 우리는 영적 군인이며, 언약 공동체인 지상 교회는 전투적인 교회가 되어야 합니다. 그 이유는 하나님의 자녀 된 우리를 끊임없이 공격하고 있는 영적 존재가 있기 때문입니다. 다음의 성경 말씀이 그 실체를 정확히 밝히고 있습니다.

> 큰 용이 내쫓기니 옛 뱀 곧 마귀라고도 하고 사탄이라고도
> 하며 온 천하를 꾀는 자라 그가 땅으로 내쫓기니 그의
> 사자들도 그와 함께 내쫓기니라 _요한계시록 12:9

이 말씀을 보면 흑암 세력의 우두머리가 마귀, 사탄, 큰 용, 옛 뱀 등으로 다양하게 표현됩니다. 그리고 '사자'들은 원어를 보면 '천사'들로 되어있는데 이는 타락한 천사를 가리킵니다. 타락한 천사장이 사탄, 마귀가 되었고, 그의 부하 천사들이 귀신들로 전락한 것입니다. 바울이 에베소서에서 말한 표현으로 하면 악한 영들입니다.

그런데 문제는 이런 영적 존재들이 우리 눈에는 보이지 않는다는 것입니다. 그래서 영안이 열렸던 사도 바울은 이런 영적 싸움에서 우리가 어떻게 승리할 수 있는지 그 비결을 밝히고 있습니다. 일차적으로 중요한 것이 에베소서 6장 10절에서 말씀하고 있는 "주 안에서와 그 힘의 능력으로 강건하여지고"라는 부분입니다. 일단 우리 자신이 영적으로 싸울 수 있는 준비가 되어있어야 합니다. 아무리 좋은 무기를 가지고 있다 할지라도 군인의 전투 체력이 강하지 않으면 전투에서 승리할 수 없습니다. 그래서 우리는 주님이 주시는 힘으로 강건한 상태를 유지해야 합니다. 그 핵심이 바로 3오늘입니다. 오늘의 말씀, 오늘의 기도, 오늘의 전도가 삶 속에 각인, 뿌리, 체질화되어야 영적으로 최강의 전투태세를 갖출수 있게 됩니다.

다음으로는 우리의 주적인 사탄, 마귀, 귀신들이 어떻게 우리를 공격하는가를 볼 수 있어야 합니다. 바울은 그것을 가리켜 마귀의 간계라고 표현하고 있습니다. 마귀가 사용하는 주 무기는 바로 '간계'입니다. '간계'는 헬라어로 '메도데이야'라고 하는데 '속임', '모략', '교활'이라는 뜻을 가지고 있습니다. 한마디로 마귀는 교활하고, 간사하고, 성도들의 빈

틈을 기가 막히게 파고들어와 속인다는 것입니다. 여기서 우리가 잘 보아야 할 것이 있습니다. 마귀라고도 하는 사탄은 우리가 사탄과 영적 싸움을 싸우지 못하도록 하고 사람과의 감정싸움에 치우치게 만드는 데 역점을 두고 활동합니다.

그래서 사도 바울은 에베소서 6장 12절에서 "우리의 씨름은 혈과 육을 상대하는 것이 아니요"라고 하였습니다. 바울이 이렇게 말하는 이유가 무엇일까요? 지금 성도들이 정말 싸워야 할 대상과는 싸우지 않고 세월만 허송하고 있다는 것입니다. 혈과 육은 사람을 의미하는 표현입니다. 즉 우리가 싸워야 할 대상은 사람이 아니라는 것입니다. 그런데 안타깝게도 얼마나 많은 성도들이 사람과 싸우느라 에너지를 다 소비하고 있는지 모릅니다. 복음을 전해야 할 교회 안에서도, 화목을 이루어야 할 가정에서도 싸우고 다투는 모습을 보입니다. 이는 모두 마귀의 간계입니다.

이런 상황에서 우리가 기억해야 할 것이 있습니다. 우리는 평생 영적 군인으로 살아가야 한다는 것입니다. 하나님의 부름을 받는 날이 제대하는 날입니다. 그런데 많은 성도들이 마치 제대한 예비군처럼 살아갑니다. 현역 군인과 달리 예비

군은 당장의 전투태세가 되어 있지 않습니다. 우리는 영적으로 현역 군인과 같은 신앙생활을 해야 합니다. 분명한 사명감과 영적 의식을 가지고 악의 영들과의 영적 전투에서 승리하는 그리스도의 용사가 되시기를 바랍니다.

◆ 영적 완전 무장

> 우리의 씨름은 혈과 육을 상대하는 것이 아니요 통치자들과 권세들과 이 어둠의 세상 주관자들과 하늘에 있는 악의 영들을 상대함이라 그러므로 하나님의 전신 갑주를 취하라 이는 악한 날에 너희가 능히 대적하고 모든 일을 행한 후에 서기 위함이라 _에베소서 6:12~13

사도 바울은 마지막으로 흑암 세력과의 영적 싸움에서 승리하는 길은 하나님의 전신 갑주를 입는 것이라는 사실을 밝히고 있습니다. 갑주는 갑옷 갑(甲)과 투구 주(冑)로 되어 있습니다. 갑옷을 입고 투구를 머리에 쓴 완전 무장한 상태에서 마귀를 대적하라는 것입니다. 우리가 중요하게 보아야 할 것은 하나님의 전신 갑주를 입는 것이 단회적으로 끝나는 것이 아니라는 사실입니다. 사탄은 한 번 공격하고 끝내는 존재가 결코 아닙니다. 그러므로 우리는 이 전신 갑주로 매일매일 영적 무장을 해야 합니다.

> 그런즉 서서 진리로 너희 허리 띠를 띠고 의의 호심경을
> 붙이고 평안의 복음이 준비한 것으로 신을 신고 모든 것 위
> 에 믿음의 방패를 가지고 이로써 능히 악한 자의 모든
> 불화살을 소멸하고 구원의 투구와 성령의 검 곧 하나님의
> 말씀을 가지라 _에베소서 6:14~17

사도 바울은 하나님의 전신 갑주 여섯 가지에 대해서 구체적으로 언급하고 있습니다. 이것은 역으로 보면 사탄이 공격하는 여섯 가지 주요 통로이기도 합니다.

첫 번째는 진리의 허리띠입니다. 사탄은 우리가 하나님의 말씀인 진리로 허리띠를 띠지 못하게 공격합니다. 하나님 말씀에 대한 의심을 심어놓는 것입니다. 이러한 공격에 속아 하나님 말씀에 의심을 하는 순간, 그 사람의 인생 조종간은 마귀가 잡게 되어 이리 휘청 저리 휘청하는 삶을 살게 됩니다. 요한복음 8장 32절을 보면, 예수님께서 "진리를 알지니 진리가 너희를 자유롭게 하리라"고 말씀하고 있습니다. 하나님의 말씀에 굳건히 설수록 참 자유를 누릴 수 있다는 사실

을 붙잡으시기 바랍니다.

 두 번째로 사도 바울은 우리에게 의의 호심경을 붙이라고 말하고 있습니다. 호심경은 갑옷 가슴 쪽에 붙이던 호신용 구리 조각을 말합니다. 지금으로 말하면 방탄조끼처럼 심장을 보호하는 중요한 기능을 하는 것입니다. 사탄이 가장 강하게 그리고 자주 공격하는 부분이 우리의 의에 대한 부분입니다. 쉽게 말해서 정죄 의식을 심어주어서 우리가 갈등하고 낙심하게 만듭니다. 그러면 결국 좌절하여 믿음의 전진을 하지 못하게 됩니다. 그래서 사도 바울은 로마서 8장 1~2절에서 확신에 찬 선언을 하고 있습니다. "그러므로 이제 그리스도 예수 안에 있는 자에게는 결코 정죄함이 없나니 이는 그리스도 예수 안에 있는 생명의 성령의 법이 죄와 사망의 법에서 너를 해방하였음이라" 여러분도 이같은 확신에 찬 신앙생활을 하시기 바랍니다.

 세 번째로 우리가 입어야 할 하나님의 전신 갑주는 평안의 복음의 신입니다. 마귀는 어떻게 해서든 우리가 평안을 누리지 못하도록 합니다. 불안, 염려, 근심, 초조 속에 빠지게 하는 것입니다. 사실 구원받은 하나님의 자녀가 받은 가장 큰 축복 중의 하나는 그리스도 안에서 참 평안과 참 안식을 누릴 수 있다는 것입니다. 요한복음 14장 27절을 보면, 예수님께서 "평안을 너희에게 끼치노니 곧 나의 평안을 너희에게 주노라 내가 너희에게 주는 것은 세상이 주는 것과 같지 아니하니라 너희는 마음에 근심하지도 말고 두려워하지도 말라"라며 이 사실을 강조하셨습니다. 우리는 이러한 주 안에서의 참 평안을 놓치지 말아야 합니다.

네 번째로 언급하고 있는 하나님의 전신 갑주는 믿음의 방패입니다. 악한 자 사탄은 우리에게 온갖 불화살을 날립니다. 말씀에 대한 불신앙에서부터 시작해서 원망, 의심, 염려, 근심과 같은 각종 불화살을 쏩니다. 그래서 우울함, 미움, 시기 등 영적으로 백해무익한 생각들이 들게 합니다. 이러한 것들은 우울증, 불면증, 공황증, 열등의식, 비교의식에 빠지게 만들 뿐입니다. 이런 생각들이 찾아올 때마다 사탄이 불화살을 날리고 있음을 깨닫고 믿음의 방패를 들어 그 공격을 막아 내시기 바랍니다.

다섯 번째 하나님의 전신 갑주는 구원의 투구입니다. 사탄의 주요 공격 통로가 구원에 대한 확신을 가지지 못하게 하는 것입니다. 우리가 예수 그리스도를 영접한 후 놓치지 말아야 할 것이 바로 하나님 자녀가 되었다는 분명한 확신과 영생이 보장된 존재라는 사실에 대한 믿음입니다. 로마서 8장 35~39절에 나와 있는 말씀처럼 그 어떤 것도 결코 우리를 그리스도 예수 안에 있는 하나님의 사랑에서 끊을 수가 없습니다. 그러니 우리는 완전 보장된 인생을 누리면 됩니다.

마지막 여섯 번째 무장은 성령의 검, 하나님의 말씀을 가지는 것입니다. 베드로전서 5장 8~9절을 보면, "근신하라 깨어라 너희 대적 마귀가 우는 사자 같이 두루 다니며 삼킬 자를 찾나니 너희는 믿음을 굳건하게 하여 그를 대적하라"고 말씀하고 있습니다. 우리는 믿음을 굳건하게 하여 마귀를 대적해야 합니다. 그렇다면 믿음이 과연 무엇을 말하는 것일까요? 믿음은 바로 하나님의 말씀이 각인, 뿌리, 체질화되는 것입니다. 3오직의 삶을 살 때 마귀는 완전히 무력화됩니다.

이런 하나님의 전신 갑주 여섯 가지를 한마디로 요약하면 하나님의 말씀으로 완전 무장을 하라는 것입니다. 그래서 강단이 중요합니다. 여러분, 강단과의 Oneness를 통해 승리의 응답을 체험하시기 바랍니다.

✦ 말씀과 기도

> 모든 기도와 간구를 하되 항상 성령 안에서 기도하고 이를
> 위하여 깨어 구하기를 항상 힘쓰며 여러 성도를 위하여
> 구하라 _에베소서 6:18

영적 싸움에서 가장 중요한 것이 말씀으로 무장하는 것임을 강조한 사도 바울은 마지막으로 기도로 무장하는 삶이 반드시 함께 있어야 한다고 밝혔습니다. 현대 전쟁은 공군의 항공 지원 없이는 승리할 수 없습니다. 공군을 통한 공중전과 육군을 통한 지상전에서 모두 승기를 잡아야 전쟁에서 승리하게 됩니다.

이는 영적 전쟁에서도 마찬가지입니다. 승리를 위해서는 하나님의 지원이 절대적으로 필요합니다. 이 하나님의 지원이 바로 영적 공중전이라 할 수 있습니다. 이를 위해서는 보좌의 축복을 누리는 기도가 삶 속에 항상 있어야 합니다. 그러면 하나님께서 시공간을 초월하여 응답을 주시고 그 힘으로

영적 전쟁에서 승리하게 됩니다. 모든 독자 여러분이 말씀과 기도로 완전 무장하여 영적 성장과 현장 정복의 체험을 얻게 되시기를 예수 그리스도의 이름으로 축복합니다.

✦ 동역, 응답의 플랫폼!

모든 기도와 간구를 하되 항상 성령 안에서 기도하고
이를 위하여 깨어 구하기를 항상 힘쓰며 여러 성도를
위하여 구하라 또 나를 위하여 구할 것은 내게 말씀을
주사 나로 입을 열어 복음의 비밀을 담대히 알리게 하옵
소서 할 것이니 이 일을 위하여 내가 쇠사슬에 매인
사신이 된 것은 나로 이 일에 당연히 할 말을 담대히
하게 하려 하심이라 나의 사정 곧 내가 무엇을 하는지
너희에게도 알리려 하노니 사랑을 받은 형제요 주
안에서 진실한 일꾼인 두기고가 모든 일을 너희에게
알리리라 우리 사정을 알리고 또 너희 마음을 위로하기
위하여 내가 특별히 그를 너희에게 보내었노라 아버지
하나님과 주 예수 그리스도께로부터 평안과 믿음을
겸한 사랑이 형제들에게 있을지어다 우리 주 예수
그리스도를 변함 없이 사랑하는 모든 자에게 은혜가
있을지어다 _에베소서 6:18~24

✦ 하나님과 동역하는 존재

하나님 일을 하고 응답을 체험하는 데 있어서 제일 중요한 것이 바로 동역입니다. 동역은 문자 그대로 함께 사역하는 것입니다. 예수님께서도 제자를 한 명이 아니라 열두 명을 세워 함께 사역하셨습니다. 함께 동역하는 것이 하나님의 방법입니다. 사도 바울에게도 로마서 16장, 고린도전서 16장, 골로새서 4장의 동역자들이 있었기 때문에 하나님의 일을 이루어갈 수가 있었습니다.

바울은 고린도전서 3장 9절에서 "우리는 하나님의 동역자들이요"라고 우리가 가져야 할 영적 정체성을 밝히며, 우리가 하나님과 동역하는 존재임을 이야기하였습니다. 이 얼마나 놀랍고 축복받은 정체성입니까? 우리가 하나님의 동역자라는 영적 정체성을 갖게 되면 자연스럽게 성도 간에도 동역의식을 가지고 사역하게 되어 있습니다. 지난 챕터에서 흑암 세력과의 영적 싸움에서 승리하기 위해서 중요한 것이 하나님의 전신 갑주로 무장하는 것임을 알아보았습니다. 이번 챕터에서는 이런 영적 싸움은 혼자가 아니라 함께 하는 것이라는 사실을 살펴보도록 하겠습니다.

◆ 기도의 동역자

모든 기도와 간구를 하되 항상 성령 안에서 기도하고 이를
위하여 깨어 구하기를 항상 힘쓰며 여러 성도를 위하여
구하라 또 나를 위하여 구할 것은 내게 말씀을 주사 나로
입을 열어 복음의 비밀을 담대히 알리게 하옵소서 할
것이니 이 일을 위하여 내가 쇠사슬에 매인 사신이 된 것은
나로 이 일에 당연히 할 말을 담대히 하게 하려 하심이라
_에베소서 6:18~20

사도 바울은 영적 무장의 핵심이 말씀 무장과 함께 기도 무
장에 있음을 강조합니다. 그런데 독특한 것은 이런 영적 무
장을 하고 흑암 세력과 영적 싸움을 할 때 중요한 게 있는데
바로 기도의 동역자가 필요하다는 것입니다. 앞의 성경 말씀
을 보면 사도 바울이 여러 성도를 위하여 구하라는 말을 하
고 있고, 자신을 위해서도 기도해 달라고 요청합니다. 이것
은 서로가 기도의 동역자로서의 역할을 해야 한다는 것입니
다. 우리 눈에 보이지 않는 사탄, 마귀 등의 흑암 세력은 우
리가 연합해서 대적해야 하는 존재입니다.

마가다락방에서도 한 사람이 기도한 것이 아니었습니다. 120문도가 함께 모여 갈보리산, 감람산, 마가다락방 언약을 붙잡고 집중기도했습니다. 그때 오순절 성령 강림을 통해 놀라운 현장 변화의 역사가 일어났습니다. 사도행전 12장에서도 베드로가 감옥에 갇혔을 때 교회가 그를 위하여 간절히 하나님께 기도했다고 밝히고 있습니다. 그들의 합심 기도, 중보기도를 하나님께서 들으시고 베드로를 탈옥하게 해주셨습니다. 이는 구약에서도 마찬가지입니다. 출애굽기 17장을 보면 이스라엘 군대가 아말렉 군대와 싸움을 벌일 때의 이야기가 나옵니다. 모세는 아론, 훌과 함께 이 전쟁을 위한 기도를 드리러 산꼭대기에 올라갔고, 여호수아는 군대를 이끌고 나가 아말렉 족속과 싸웠습니다. 이때 재미있는 사실은 기도를 드리는 모세의 팔이 내려가면 이스라엘 군대가 지고, 다시 팔을 올리면 이스라엘 군대가 이기는 것이었습니다. 그래서 모세 옆에 있던 아론과 훌이 모세를 바위 위에 앉히고 자신들이 모세의 두 팔이 내려가지 않도록 도우며 전쟁을 승리로 이끌었습니다. 이처럼 하나님의 일은 함께 언약을 붙잡고, 함께 기도하며, 함께 나아가는 것입니다.

에베소서 6장 19절에서 사도 바울은 에베소교회 성도들에게 자신을 위하여 간구해 달라고 요청하면서 "또 나를 위하여 구할 것은 내게 말씀을 주사 나로 입을 열어 복음의 비밀을 담대히 알리게 하옵소서 할 것이니"라며, 그 내용을 구체적으로 밝히고 있습니다. 지금 바울은 차디찬 로마 감옥에 갇혀 있는 상태였습니다. 에베소서 6장 20절을 보면 그는 자신을 일컬어 '쇠사슬에 매인 사신'이라고 말합니다. 우리가 눈여겨보아야 할 것은 바울이 스스로 가진 영적 정체성입니다. 그는 감옥에 있으면서도 죄수의 신분이 아닌 사신, 즉 대사의 신분이라는 영적 정체성을 가지고 있었습니다. 쇠사슬에 매여 있지만 자신은 천국 복음을 증거하는 예수 그리스도의 대사라는 것입니다. 그러니 이런 영적 정체성에 걸맞은 삶을 사실적으로 살 수 있도록 기도로 지원해달라고 요청하고 있습니다. 다음 성경 말씀을 보면, 사도 바울은 골로새 교회 성도들에게는 이렇게 기도 요청을 했음을 알 수 있습니다.

기도를 계속하고 기도에 감사함으로 깨어 있으라 또한 우리를 위하여 기도하되 하나님이 전도할 문을 우리에게 열어 주사 그리스도의 비밀을 말하게 하시기를 구하라 내가 이 일 때문에 매임을 당하였노라 그리하면 내가 마땅히 할 말로써 이 비밀을 나타내리라 _골로새서 4:2~4

사도 바울은 중보기도의 위력을 너무나 사실적으로 체험했기 때문에 서신서마다 기도 요청을 하고 있습니다. 그리고 그 요청의 핵심은 자신을 통해 그리스도의 비밀이 드러나는 것이었습니다. 우리의 기도도 이와 같아야 합니다. 복음의 비밀을 담대히 드러내는 것이 우리의 기도 제목이 되어야 합니다. 그리고 서로가 가진 이러한 기도 제목을 위해 우리는 함께 기도해야 합니다. 여러분 교회의 교역자를 위해, 함께 사역하는 동역자를 위해 기도로서 영적 싸움을 해야 하는 것입니다. 함께 기도하는 동역자가 있다는 사실만으로도 서로에게 큰 힘이 됩니다. 교회를 위해, 복음을 위해 함께 기도하며 함께 영적 싸움을 해 나가는 기도의 동역자가 되시기를 바랍니다.

◆ 동역자 두기고

나의 사정 곧 내가 무엇을 하는지 너희에게도 알리려 하노니 사랑을 받은 형제요 주 안에서 진실한 일꾼인 두기고가 모든 일을 너희에게 알리리라 우리 사정을 알리고 또 너희 마음을 위로하기 위하여 내가 특별히 그를 너희에게 보내었노라 _에베소서 6:21~22

사도 바울은 에베소서를 마무리하면서 자신의 동역자 한 사람을 소개하는데 그가 바로 두기고입니다. 두기고는 바울이 쓴 에베소서를 에베소교회 성도들에게 전달하는 역할을 감당했을 뿐만 아니라 골로새서도 전달하는 역할을 했습니다. 당시에는 지금처럼 우편 체제가 갖추어져 있지 않았기 때문에 사람이 직접 들고 가서 편지를 전달해야 했습니다. 그렇기 때문에 전달하는 사람이 누구인가가 너무 중요했습니다. 그만큼 두기고는 바울의 전폭적 신뢰를 받은 동역자였던 것입니다.

앞의 성경 말씀을 보면, 바울이 두기고에 대해서 두 가지 중요한 언급을 하고 있습니다. 하나는 그가 '사랑을 받는 형제'였다는 것입니다. 골로새서 4장 7절에 보면, 골로새교회 성도들에게 두기고를 소개할 때도 역시 '사랑받는 형제'라고 밝히고 있습니다. 이미 두기고는 바울과 주변 사람들과의 관계 속에서 인정을 받으며 원니스 메이커 역할을 하는 존재였던 것입니다.

에베소서 6장 22절을 보면, 바울이 에베소교회 성도들의 마음을 위로하기 위하여 두기고를 특별히 보냈다고 밝히고 있습니다. 그만큼 두기고의 그릇이 달랐음을 알 수 있습니다. 두기고는 사도 바울을 통해 예수 그리스도의 십자가 사랑을 사실적으로 체험했습니다. 십자가를 통해 나타난 하나님의 놀라운 사랑에 빚진 자 의식을 가지고 있었던 것입니다. 그래서 다른 성도들을 위로할 수 있을 정도로 그릇이 커질 수 있었습니다. 여러분도 두기고처럼 다른 사람의 마음을 위로할 수 있을 만큼의 영적 큰 그릇이 되시기 바랍니다.

바울은 또 두기고를 향해 '주 안에서 진실한 일꾼'이라고 밝히고 있습니다. '진실하다'는 말은 헬라어로 '피스토스'라고 하는데 '신실', '성실', '충성'이라는 의미를 담고 있습니다. 고린도전서 4장 2절을 보면, "맡은 자들에게 구할 것은 충성이니라"고 말씀하고 있는데 여기서의 충성도 피스토스를 사용하고 있습니다. 진실하다는 것은 처음과 나중이 변함이 없다는 것을 말합니다. 진실한 일꾼은 어떤 환경이나 문제가 닥쳐와도 결코 변질되지 않고 흔들림 없이 자신의 위치를 지키고, 자신에게 맡겨준 사명을 감당하는 사람입니다.

그리고 바울은 에베소서 마지막 절인 24절에 축복기도를 하면서 "우리 주 예수 그리스도를 변함 없이 사랑하는 모든 자에게 은혜가 있을지어다"라고 하였습니다. 예수 그리스도를 변함없이 사랑하는 자, 처음이나 나중이나 변함없이 주의 일을 진실되게 감당하는 자에게 하나님의 풍성한 은혜가 임하게 되어 있습니다. 이사야 26장 3절에 보면 "주께서 심지가 견고한 자를 평강하고 평강하도록 지키시리니 이는 그가 주를 신뢰함이니이다"라고 말씀하고 있습니다. 심지가 견고한 자가 누구입니까? 바로 진실한 자, 처음이나 나중이나 변함없는 중심을 가지고 있는 자를 말합니다. 두기고가 바로 그런 사람이었습니다.

사도행전 20장 4절을 보면, 두기고는 바울이 마게도냐와 헬라 지방의 성도들에게서 거둔 구제 헌금을 가지고 예루살렘 교회로 갈 때 함께 동행했던 인물입니다. 바울의 두 차례 투옥 기간 중에도 그를 떠나지 않고 바울의 손과 발 역할을 했습니다. 디도서 3장 12절에 보면 바울이 아주 위험천만한 오지의 섬 그레데에서 전도하고 있던 디도를 도우라고 두기고를 파송합니다. 이때 두기고는 아무 말 없이 그의 말에 순종하여 오지에 들어가 디도를 도왔습니다. 두기고는 이처럼 정말 복음을 위해 생명을 건 헌신을 했습니다. 전승되는 바에 따르면 두기고는 훗날 순교했다고 전해집니다. 그는 복음을 위해 마지막까지 모든 것을 드렸던 것입니다.

✦ 확신과 도전

에베소서는 예수 그리스도의 복음을 통해 주어진 Heavenly Blessing, 구원의 축복이 얼마나 크고 놀라운지, 그 복음 위에 세워진 그리스도의 교회가 어떠한 사명을 감당해야 하는지를 우리에게 가르쳐 줍니다. 우리는 이 에베소서를 통해 세상적인 물질이나 성공 같은 것과는 비교조차 할 수 없는 영원한 축복, 그리고 그 축복 속에서 우리가 어떻게 신앙생활을 해나가야 하는 지를 살펴보았습니다.

우리가 알다시피 사도 바울도 결국 순교의 길을 갔습니다. 바울이 끝까지 생명 건 헌신을 할 수 있었던 것은 바로 복음에 대한 확신이 있었기 때문입니다. 그 어떤 것과도 비교할 수 없는 절대 진리를 가졌기 때문에 자신의 생명도 아까워하지 않은 것입니다.

우리도 사도 바울처럼 복음에 대한 확신을 가지고 언약적 도전을 하여야 할 것입니다. 모든 독자 여러분이 237나라 5천 종족 복음화라는 영적 목표 의식을 가지고 함께 기도하고 동역하며 하나님 나라 확장의 산 주역이 되시기를 예수 그리스도의 이름으로 축복합니다.

펴낸날   초판 1쇄 2023년 6월 14일
지은이   정은주
펴낸이   지무룡
펴낸곳   가스펠북스
기획   배성원
디자인   DALGROO
출판등록 109-91-93560
주소   서울시 강서구 화곡로 63길 65, 101호
전화   02) 2657-9724
팩스   02) 2657-9719
홈페이지 www.iyewon.org
값   15,000원
ISBN   979-11-981688-2-5(03230)